JN045287

森山至貴

10代から
知って
おきたい

女性を閉じこめる「ずるい言葉」

WAVE出版

はじめに

相手を瞬間的に傷つけたり、その自由な言動をさえぎったりする、そういう「ずるい言葉」を浴びせられるのは圧倒的に女性が多い。わかっていたつもりのその事実を、前著『10代から知っておきたい あなたを閉じこめる「ずるい言葉」』の刊行のあとに強く感じました。好意的な感想のかなりの部分が、女性からのものだったからです。

本書『10代から知っておきたい 女性を閉じこめる「ずるい言葉」』は、このことをふまえ、女性が浴びせられる「ずるい言葉」を集めてそれらの言葉から逃れるための手がかりを考えてみた本です。

著者である私自身は男性であり、むしろこの本に出てくる「ずるい言葉」を言ってしまいがちな側の人間にあたります。

そこで、「ずるい言葉」に関しては担当編集者さんを通じて何人かの女性に実例を教えていただき、それらについて考えて文章化することにしました（実例を寄せてくださったみなさん、本当にありがとうございました！）。

じっさい、「私自身が女性に言ってしまったことがあるな……」と思い出す言葉がいくつもあり、執筆(しっぴつ)期間は私自身の反省期間ともなりました。この本を書くチャンスをもらえて本当によかったと思っています。

実例を教えてくださった女性たちが大人の方々だったこともあり、本書に挙げられている各シーンの会話例やその題材は、ほとんどすべてが大人同士のものです。

その意味で、10代の読者には、今はピンとこないものが多いかもしれません。「将来こんなことを言われるかもしれない」と思って、無理のない範囲(はんい)で理解につとめてもらえればありがたいな、と思っています。

もっとも、10代の読者が大人になって、「この本に書かれているような言葉を言ってくる人はいなかったから、役に立たなかった」と思えるくらい世の中がよくなっていてくれるなら、私としてはそれがいちばんうれしいのですが……。

この本を手にとってくださった男性やノンバイナリー（→シーン㉔）の方々へ。

この本の内容は、みなさんに関係のないものではもちろんありません。言ってしまうかもしれない、言われてしまうかもしれない、そんな言葉が集められているはずです。

自分は読者として想定されていないとは思わず、ぜひ読んでいただければ幸いです。

本書をはじめから順番に読む必要はありません。また、読むことで過去のできごとが思い出されてつらく感じる場合もあるでしょう。無理のない範囲で好きなところから自由に読んで、そして自由に考えてみてください。

森山至貴（のりたか）

10代から知っておきたい
女性を閉じこめる
「ずるい言葉」

目次

第7章

"あなたも悪い"で突き放す言葉　161

イラスト　神保賢志
ブックデザイン　大場君人
校正　株式会社ぷれす

第1章

"女の人生"を勝手に区別する言葉

1

シーン①

「あなたには子どもがいないからわからない」

なんだか疲れているみたい。
大丈夫？

子どもの夜泣きがひどくて
なかなか寝られなくて……

想像しただけでも大変そう

大変なんてもんじゃないって。
あなたには子どもがいないからわからないよ

▶「そんな程度のもんじゃない!」と言いたいときはある

たしかに、経験したことのないことについて軽々しく口にすることは戒(いまし)められるべきかもしれません。わかった気にならないで、相手の経験に真摯(しんし)に耳を傾(かたむ)けるべきでしょう。知ったかぶりほど、相手への敬意を欠いた態度はありません。とはいえ、だからといって、相手の想像が自分の経験にとうてい及(およ)ばないときに、相手の属性を理由にして「あなたにはわからない」と拒絶(きょぜつ)することは、望ましい態度でしょうか。

もちろん私はこのあと「望ましい態度ではない」と説明していくつもりなのですが、同時に「だからそんなことを言う人は間違(まちが)っているのだ」と非難することにはためらいも覚えます。苦しい、つらい、という経験がまさに想像を絶するものであるとき、他者による想像や共感に対して「そんな程度のもんじゃない！」と言いたい気持ちは私にもありますし、誰(だれ)かがそう叫(さけ)んでいるときに、その絶望を軽視してはならないと思うからです。

だからここでは、「あなたには子どもがいないからわからない」といった言葉を批判するのではなく、その背後にある発想について考えることで、その発言を生み出した苦しさやつらさにもっとうまく対処できるのではないか、を考えてみたいのです。

▶「わかる」のハードルは、じつは上下する

シーン①では、子どものいる女性が夜泣きに困っていることを、話し相手である子どものいない女性ももちろん知っています。何が問題の焦点(しょうてん)となっているかを把握(はあく)し、共有しているという意味では、子どものいないこの女性もまた「わかっている」のであり、そのことは子どものいる女性だって知っているはずなのです。でも、子どものいる女性にとってそれは「わかる」と言うにはほど遠い状態のようです。文字通り休む暇(ひま)もなく夜中に子どもに起こされることのしんどさ、それが毎日続くことへの絶望感、そういったものを体感していることが「わかる」の意味であると言いたい気持ちは、決して責められるべきではないと思います。

ここですでに明らかになっているのは、**何をもって「わかっている」ことにするのかというハードルの高さの設定自体が、会話において決定的な重要性を持っている**ことです。うわべだけの誰でも知っている程度のことを知っているというだけで「わかっている」と言ってほしくない、それでは私の経験を共有し、それに心を寄せていることには

ならない、という気持ちがわくことも当然あるでしょう。

でも、「わかる」のハードルが固定されておらず、上げることができるということは、下げることだってできるということです。ハードルを極端に下げ、ほとんど「知ったかぶり」でしかないようなことについても「わかる」のハードルを超えていることにされてしまうことだってありうるのです。

そんなふうに他人によって「わかる」のハードルを下げられたくない、そう思うときに私たちがとっさにしてしまう防御反応がひとつあります。それが、「○○したことがない人にはわからない」です。ふだんなら「わかる」という言葉に込めないような極端な含みを持たせることで、ハードルを高く固定してしまおうとするわけです。

▶「どうせ他人にはわからない」だけが支えになるときには

ただ、この極端さには大きな代償があります。それは、**相手の「わかろう」とする努力ではどうにもならない高さにハードルを設定することで、苦しい、つらいといった思いへの共感の回路を遮断してしまう**ことです。さらに厄介なのは、あまりにも苦しくつらいときには、「どうせ他人にはわからない」と世間に背を向けることだけが、つらい自分を支えるギリギリの杖のように感じられることもまたある、ということです。苦しい、つらいと思いつつ、それに対する他者からの共感は拒絶する……これではその苦境から抜け出すことがますます難しくなるばかりです。

だからこそ、「わかる」のハードルが上下に動くことと、それに対する私たちの典型的な防御反応をあらかじめ知っておく必要があるのです。「経験したことのないあなたにはわからない」と言いたい自分の気持ちを否定するのではなく、「経験してみたら想像以上にたいへんでとても混乱している」などのように、相手が超えられないハードルの設定にならないよう気をつけながら、その絶望的な高さを表現するよう工夫してみませんか。そのほうが、「わかる」をめぐる断絶を避けつつ誰かに苦しさを分け持ってもらえる可能性は高まります。

他人から「経験したことのないあなたにはわからない」と言われたらどうしたらよいでしょうか。私なら「そうかもしれませんね」と返答しておきます。相手が「わかる」のハードルを高く設定したい気持ちを尊重しつつ、共感の回路をこちらからは閉じないよ、と宣言しておく。あとは相手にゆだねて気長に待つ、くらいでよいのではないでしょうか。

抜け出すための考え方

「わかる」のハードルは上下するからこそ、ハードルを下げてほしくないと思う側は「経験したことがないあなたにはわからない」といった極端な発言をしてしまいます。その極端さが悪循環（あくじゅんかん）を生むことを理解し、お互（たが）いの経験の違（ちが）いが共感の回路を遮断しないよう、開いておくべきでしょう。

もっと知りたい関連用語

【インターセクショナリティ】

アメリカの弁護士、キンバリー・クレンショーが 1989 年に論文の中で提示した言葉で、交差性とも訳されます。（おもに）女性差別が黒人差別や同性愛差別など、さまざまな差別と相互依存（そうごいぞん）的に成立していることを指す言葉で、女性がそれぞれに置かれた立場の違いを超えて互いの抑圧（よくあつ）を解消していくことを目指すためのスローガン的役割を果たしています。「わかる」が女性を経験で分断しないよう、「わかって」おくべき苦しさやつらさをより精密に、総体的に描（えが）くための発想を提示したものとも言えるでしょう。

もっと深まる参考文献

パトリシア・ヒル・コリンズ，スルマ・ビルゲ著，下地ローレンス吉孝監訳，小原理乃訳，2021『インターセクショナリティ』人文書院

シーン②

「なんで旦那さんが稼いでるのに専業主婦にならないの？」

課長に昇進できたのはありがたいんですけど、管理職業務って難しいです……

まだなったばかりだし、
慣れるまでには時間がかかるんじゃない？

夫のアドバイスは業界が違うからか
あまり役に立たなくて

でもさ、そもそもなんで旦那さんが稼いでるのに
専業主婦にならないの？

▶夫の稼ぎが原因なのか?

「いやいや、夫の稼ぎだけでは足りないので私も働いているんですよ」と言ってその場を切り抜けたくなる人もいるかもしれません。実際に夫の稼ぎだけでは足りないので、必要に迫られて働かざるをえない、という人もいるでしょう。夫の稼ぎがあるなら専業主婦にならないのか、と聞かれているのだから、夫の稼ぎを理由に働いていることを説明するのが、相手にはもっとも伝わりやすいはずです。

でも、踏み込んだ、場合によってはずいぶんと失礼な質問をやりすごすために夫の稼ぎを持ち出さざるをえないことに、なんだか納得がいかないという気持ちがわくこともあるのではないでしょうか。夫の役割が「金を稼いでくる人」と決めつけられていることに納得がいかないから、ということもあるでしょう。でもほかに、「私の人生のあり方が、夫の状況によって自動的に決まる」かのような話の流れが気に入らないから、ということもあるのではないでしょうか。

夫が稼ぎ、妻が家事をおこなう役割分担を「性別役割分業」と言いますが(→シーン⑧)、どんな夫婦もこの分担にしたがうべきだ、という考えは(男女平等の点からも、長引く不景気によって男性が妻子を養えるほど稼げなくなったという点からも）崩れてきています。**夫の稼ぎに連動して妻が専業主婦になるかならないかが決定される、というあり方は、個々の女性の人生を尊重しておらず、またそもそも実態にもそくしていません**。

▶働かずに済むなら働かない？

シーン②で相談を受けた側の女性は、もしかしたら役割分業意識などとは関係なく、単に「働かずに済むなら当然働かないのでは？」というつもりで「旦那さんが稼いでいるのに専業主婦にならないの？」と言っただけなのかもしれません。でもこれはこれで専業主婦をずいぶんと誤解している発言ではないでしょうか。

「家事労働」という言葉があることからもわかるように、家事もまた賃労働と同じくその価値を認められるべき労働です（というか、そう社会に認めさせるために「家事労働」という言葉が作られ、使われるようになったのです）。専業主婦は多くの場合、家事労働という労働を一手に引き受けているのであり、当たり前のことですが、働いています。

そして、家事労働と賃労働の向き不向きは、人によって異なります。家事労働には向いていないけれど賃労働には向いている女性が、家事をせずに済むように（外食の機会を増やすとか家事代行を頼(たの)むとかに）稼いだお金を使うことは、むしろ専業主婦になるより楽な場合もあるでしょう。

このような多様な事情を無視して、「専業主婦」という言葉に「働かない」という意味を結びつけてしまうのでは家事労働にたいする理解が不適切です。それでは個々の女性のライフスタイルを尊重できていないという問題を引き起こしてしまいます。

▶理由はひとつじゃなくてよい

女性が賃労働をおこなう理由を、「夫の稼ぎでは足りないから」「家事労働には向いていないから」といった消極的なものに限定する必要がそもそもありません。「やりがいを感じるから」「仕事をしているときの自分が好きだから」といった積極的な理由から賃労働をしてもよいはずです。理由はほかにも考えられます。「子育てだけをしていると息が詰まるので、気分転換(てんかん)のために」「夫婦の発言権が対等になるように」「自分の趣味にお金をつぎ込みたいから」など、そのほかにもたくさんあるでしょう。稼ぎの分は働く、という条件だけ満たしていれば、理由はなんであってもよいのです。

さらに言えば、複数の理由が入り交じることも多いはずです。専業主婦になるのであれ企業や役所で働くのであれ、どのように働くかは人生のあり方に大きく影響を与える要素であり、その分理由は複合的にならざるをえなくなります。「子育てにお金がかかるし、ときどきは達成感も得られるので会社で働き続けたい」と思うことは、不自然でも不適切でもありません。**「なぜ働くのか」の理由は、「昼食にそばを食べたかったからそばを食べた」といったような単純な事情にはそもそもなりえない**のです。

また、事情が複雑になればなるほど、「なぜ働いているのか」の理由をうまく言葉にできない、と感じることも多くなるでしょう。その場合でも、「理由が説明できないのであれば働いてはいけない」わけではもちろんありません。**働く理由を聞かれて答えられないのは不自然なことではありませんし、悪いことでもありません**。

どの方向から考えても、「なんで旦那さんが稼いでいるのに専業主婦にならないの？」は不適切な、場合によっては無神経な発言になるように思います。「それぞれの家庭にはそれぞれの事情がある」と心に留めて、その人の働き方や働くことへの心持ちを尊重することから外れた質問や発言はやめましょう。

抜け出すための考え方

夫が稼いでいるからといって妻が専業主婦にならなければいけないわけではなく、また専業主婦を含む多様な働き方は、複合的な理由によって成り立っているものです。決めつけをやめて、その人の働き方や働くことへの心持ちを尊重しませんか。

もっと知りたい関連用語

【主婦論争】

主婦の役割や主婦という属性に関する内容が含まれる論争を、主婦論争と呼びます。主婦も働くべきか、専業主婦は批判・擁護（ようご）されるべきかなど、日本においては1950年代から2000年代までに少なくとも６度の論争が起こりました。主婦論争の歴史の背後には、「女性の役割はどうあるべきか」「女性のライフコースはどうあるべきか」についての考えの違いによって女性を分断してしまう構造がある、と指摘（してき）されています。

もっと深まる参考文献

妙木忍, 2009『女性同士の争いはなぜ起こるのか――主婦論争の誕生と終焉』青土社

シーン③

「その年まで独身なら結婚(けっこん)（出産）は考えてないんでしょ？」

推(お)しのデビュー10周年コンサート、
楽しかったなあ

もう10年か。
推し活(かつ)始めてから仕事にも前向きだし、
よかったんじゃない？

推し中心の生活も悪くない、
いやむしろすごくいい

それもひとつの生き方かもね。
もうその年まで独身なら
結婚は考えてないんでしょ？

▶推し活は楽しい

アイドルや声優、俳優やミュージシャンなど、熱狂的に応援している対象のことを指す「推し」という言葉も、ずいぶんと一般的になりました。そのファン活動のことを「推し活」と呼ぶことも、多くの人が知っていると思います。「推す」という表現に含まれる推薦という行為も含め、ファンがおこなう応援にも価値が置かれていることがおもしろい、と私は感じます。日々、損得を計算しながらある程度はずる賢く立ち回らないとやっていけない私たちにとって、ただ他人を純粋に応援することの清々しい体験はなかなかに得がたいものです。推し活は、楽しいのです。

▶「犠牲神話」は正しいのか

でも、「推し活」が、「ほかの何かや誰かを犠牲にしている」こととして考えられてしまう場合があるように思います。たとえば、「結婚、出産などはもう諦めた」とみなすシーン③のような発言にも、このような発想があからさまに含まれています。「家事や育児をおろそかにしている」といったはっきりした非難が含まれることもあるでしょう。このような発想を「犠牲神話」と呼んで、少し分析してみたいと思います。神話と表現したのは、この発想が実態にそくしていないばかりか、女性に「こう生きるべき」という考えを不当に押し付けていると私には思われるからです。

まず、「推し活のせいで家事や育児をおろそかにしている」という非難について考えてみましょう。たしかに、非難に値するほど家族関係に関わる責任を放棄している人がまったくいないとは言えないでしょうが、そうたくさんいるとも私には思えません。

というか、「非難に値するほど家族関係に関わる責任を放棄している」とはどんな状態でしょうか。月に一度、推しのライブに遠征することでしょうか。稼いだお金を推しのグッズにつぎ込むことでしょうか。スマートフォンで推しの SNS を頻繁にチェックすることでしょうか。私にはそれがただちに責任放棄になるとはとても思えません。その程度の「家族をかまわない」状態をかりに責任放棄とするのなら、たとえばずっと責任放棄をし続けている夫はたくさんいるのではないでしょうか。

そうです、私が気になっているのは、**「おろそかにしている」という非難が、女性にばかり課されているのではないか**、という点です。それは結局「女性は家族など身近な他者への献身をつねに最優先すべし」という不当なルールに基づく判断ではないでしょうか。そうだとしたら、女性の「推し活」はむしろ女性が自分の人生を生きることの一部として積極的に擁護されなければならないと私には思えます。

▶二者択一をさせないで

さて、「おろそかにしている」とならぶ「犠牲神話」のもうひとつのパターンが、「なんらかのライフイベントを諦めている」といったものです。シーン③では「諦めている」ほどの強い言葉は使われていませんが、「推し中心の生活」であれば、結婚や出産は当然不可能である、との想定が働いているようです。

まず考えるべきは、この想定は間違っているということです。夫や子どもがいても、「推し活」を続けている人は少なくありません。「推し活」を通じてパートナーに出会った人もいます。「推し活か、結婚と出産か」という二者択一に、そもそも乗る必要はないのです。

ここでさらに考えたいのは、そもそも「推し活」と何の二者択一にさせられるのか、という点です。「推し活」には時間やお金がかかりますが、だからといって「推し活か、睡眠時間の多い健康的な暮らしか」「推し活か、頻繁な外食か」といった二者択一が問われるようなことはそうありません。女性の「推し活」は、あるいはもっと広く言えば、女性が自分の意志で自分のためにおこなう行為は、結婚や出産と対比されることがじつに多いのです。なぜでしょう。

ここにも先ほど触れたルールがはたらいていると考えると筋が通ります。つまり、「女性は結婚や出産を経験すべき」もしくは「女性は結婚や出産の経験こそ幸せなものだと思うべき」といった**「女性のあるべき姿」についてのルールがあるから、個人の意志による「個性的」な行為としての「推し活」が、それらと対比されてしまう**のではないでしょうか。

「犠牲神話」は、「女性のあるべき姿」と合致しない生き方を、まるで不足のある生き方かのようにジャッジする発想です。でも、「こうあるべき」というイメージに合致しないものを支流にどんどん割り振っていっても、本流が流れていきやすくなるわけではないですし、また流れやすい川を流れていくことだけが幸せでもありません。**お互いが支流を行くことを認め合いながら、どの流れを行く人生にも幸あれ、と思えるとよい**のでは、と思います。

抜け出すための考え方

女性が自分の意志で選んだ生き方に対し、「結婚や出産をもう考えていないのか」と言われることがあります。結婚や出産を経るか経ないかで女性を二分するような「女性のあるべき姿」のルールに乗る必要はないはずです。女性の多様なライフスタイルを、正統な本流と格下の支流に分けてジャッジする発想から離(はな)れましょう。

もっと知りたい関連用語

【ライフイベント】

シーン③では「結婚」「出産」を挙げましたが、心理学においては、そのほか一般的におめでたいとされる「就職」「昇格(しょうかく)」や、「肉親の死」「クビ（解雇(かいこ)）」「怪我や病気」などもライフイベントに含まれ、それらが与えるストレスについて研究されています。また現在では、出産・育児・介護(かいご)などに関する就労支援をまとめて「ライフイベントに関する支援」などと呼ぶことも一般的になりつつあります。

もっと深まる参考文献

ジェーン・スー , 2020『女のお悩み動物園』小学館

シーン④

「子どもがいないからできることだね」

先週ようやく離婚(りこん)が成立したの。
よかった！

長いこと揉(も)めてたもんね……
慰謝料(いしゃ)とかはどうしたの？

早く縁(えん)を切りたいから
もらわないことにした。
子どもはいないから養育費もいらないし

そうね……やっぱり離婚なんて
子どもがいないからできることだね

▶結婚の何が祝福に値するのか?

「離婚もまた結婚と同じく祝福されるべきできごとでありうる」という感覚は、私には健全に思えます。「よほど縁を切りたい夫だったんだね、離婚おめでとう!」と祝福してあげて、まったくかまわないのではないでしょうか。そもそも結婚が祝福されるべきことだとしたら、それは「誰もがすべきこととしての結婚をその人もまた達成したから」ではないはずです。もしそうだと言うなら、それは「祝福」の名を借りた幸せの形の押し付けでしかありません。

結婚を祝福するとしたら、その理由は「その人が幸せになるための大きな決断をして、幸せになった(あるいはなっていく)から」ということについて求められるべき、と私は考えます。そして、このような理由から祝福すべきことはほかにもたくさんあります。転職や出産もそうでしょう。そして、不本意な結婚生活からの脱出(だっしゅつ)という点では、離婚も同じように祝福されてよいできごとだと私には思えます。あなたにとってそれが幸せならなにより、以上、です。

▶「子どもがいないからできること」はたしかにある

でも、「それはよかった」という気持ちがありつつも素直に祝福できない場合が、たしかにあります。うらやましいと思う気持ちが祝福する気持ちを上回ってしまう場合です。あとで気づいて自己嫌悪に陥るという経験がみなさんにもないでしょうか。私にはあります。

だから、素直に祝福せずに「子どもがいないからできることだね」なんて言ってはいけないよ……ということだけを言いたいのではありません。この発言を、嫉妬をおさえられない弱さ、未熟さの問題としてだけ考えることはできない気もするのです。つまり、本当に「子どもがいないからできること」は、あるのではないかでしょうか。

子どもがいることで離婚に踏み切れない女性は、私が力説するまでもなくたくさんいます。離婚はほとんどの場合において子どものケア（相手の生活を支えるための世話のことです）のあり方、つまり誰がするのか、どこでするのか、何をするのかなどを大きく変えてしまうので、その現状を維持するために離婚を控える女性はいるでしょう。ただし、これだけが理由なのであれば事情は夫の側も同じです。

男性のほうが女性よりも収入が多く、結婚とは妻が夫の親戚関係の中に「嫁ぐ」ことだという感覚が強い社会においては、子どものケアに関する資源（経済力や親の援助）を夫のほうが多く持っているというケースが多いものです。

両親の離婚後の子どものケアに関しては、当然そういった資源の多さが決定権や選択肢(せんたくし)に大きな影響を与えますから、離婚による子どものケアのあり方で不利になる可能性は、妻の側が圧倒(あっとう)的に高い。離婚したうえで母親としての積極的な責任を果たそうとしてもそれが難しいために、多くの女性は離婚を諦めなければいけない。このことは事実として認識すべきだと思います。**離婚が「子どもがいないからできること」であるという側面は、たしかに存在する**のです。

▶「行き止まりの言葉」を避けてみる

だから、「子どもがいないからできることだね」と言ってしまいたくなる気持ちは理解できるのですが、そのうえでなお、この言葉は相手と自分をどこへも連れて行ってくれない「行き止まりの言葉」なので、使うのをやめてみませんか、と提案したいのです。

「行き止まりの言葉」というのはこういうことです。子どもがいるかいないかはもう変えようのない事実ですから、それによってある行為(この場合は離婚)ができるかどうかが決まるとすれば、立場の違いを超えて考えたり対話したりできることはもはや何もない、ということになってしまいます。何も言わせたくないがためにこのような発言をするなら、それは単に相手に悪意をぶつけているだけで不適切だ、ということになりますし、本当は（離婚できないまでも）夫のグチを聞いてほしいといった希望があるならむしろ逆効果だ、ということになります。

シーン①でも触れましたが、本当に苦しい、つらいときに、私たちは他者との対話や共感の回路を遮断してしまいがちです。そうしてしまいたい気持ちを否定せず、でも**その先は行き止まりであるということを少しだけに冷静になって理解し、「捨て台詞」で溜飲（りゅういん）を下げるコミュニケーションから遠ざかることが必要**なのだと思います。

最後にもう一点。「離婚なんて子どもがいないからできることだね」という発言が、相手をひどく傷つける場合があります。それは、夫婦のあいだに子どもが授からなかったことが離婚の大きな原因である場合です。子どもがいるかいないかは、たしかに夫婦の選択の結果でもあるかもしれませんが、さまざまな要因によって否応なく決まってしまうことでもあります。**子どもの有無それ自体が重要で難しい問題になりうること**なのだということも、忘れずにいたいですね。

抜け出すための考え方

「子どもがいないからできること」はたしかにあります。でも、子どもの有無という変更しようのない事柄を持ち出して相手とのあいだに壁を作ると、コミュニケーションは行き止まりになってしまいます。「捨て台詞」で溜飲を下げることから遠ざかる冷静さを持ち続けられるとよいですね。

もっと知りたい関連用語

【離婚率】

いつ結婚するか、いつ離婚するかのタイミングはカップルによって異なるため、「結婚したカップルは最終的にどのくらいの割合で離婚するのか」を知ることはとても困難です。日本では「3組に１組は離婚する」と言われることがありますが、これはある年に結婚したカップルの数を分母、離婚したカップルの数を分子にした割合の誤った解釈に過ぎません。政府統計では「人口1000人あたりの一年間の離婚件数」をその年の「離婚率」としています（2021年の値は1.50で、世界の平均からとくに離れているわけではありません）。

もっと深まる参考文献

サラ・アーメッド著，飯田麻結訳，2022『フェミニスト・キルジョイ』人文書院

Column 1　産みたくても産めない人もいるのに

産みたくても産めない人がいるから、産めるけど産まない選択は許されないのでしょうか。それとも、そんな選択には罪悪感を持つべきなのでしょうか。そんなことはないはずです。他人は他人、自分は自分です。産みたくても産めない人の悩みを軽視しないこと、「産もうと思えば産める」というアピールをそういった人にしないことなどは必要だと思いますが、産まない選択自体を責められるいわれはありません。

ということの結論が変わるわけではないのですが、妊娠と出産については、単に「できることとしたいことの組み合わせは人によって異なり、そのことがときに他人との関係をぎくしゃくさせる」以上の問題が含まれているように感じます。それは、私たちの社会があの手この手を使って「妊娠させる」「出産させる」理由を探してしまう社会なのではないか、という問題です。

妊娠や出産のように、経験する人に大きな心理的・精神的負担がかかる選択については、それ以外の選択と同じく、むしろそれ以上に本人の意志が厳格に尊重される必要があるはずです。にもかかわらず「少子化だから」とか「多くの人がそうやってきたのだから」というような理由で本人の意志が踏みにじられていく。そのことを私たちは深刻な問題としてとらえるべきではないでしょうか。「妊娠させる」「出産させる」社会からの脱却こそ、産みたくても産めない人と産めるけど産まない人を対立させて苦しめないためにも必要なことだ、と私は考えています。

第2章

"わりには"
"ならでは"
で
軽視する言葉

2

シーン⑤

「女性のわりには話が通じるね」

部長の作ったこの見積書、
また金額が間違ってませんか？

部長は仕事が雑だからなあ……
部下が指摘すると怒るし

怒らせても面倒なんで、
こっちで適当に直しておきますね

ありがとう。酒井ってそういうところ、
女性のわりには話が通じるね

▶「わりには」は唐突にやってくる

え、この流れでなぜ「女性のわりには」みたいな話になるの？　というか「わりには」って何？　と思いますよね。たとえば、「女性のわりには男性用トイレの間取りについて詳しいね」はたしかに「女性のわりには」の適切な用法かもしれません。仕事でトイレ掃除をしているなどの状況がなければ、たしかに女性は男性用トイレの間取りに詳しくはないでしょうから。

裏を返せば、こういった例外的な状況を除く、「女性のわりには」と言われてしまう場面の大半は、「わりには」と言われて当然だと思えるものではありません。「性別は今は関係ないよね？」という状況に唐突に差しはさまれる、こうした「女性のわりには」について、考えてみましょう。

そもそも、この状況で言われたら、イラッとしませんか？要するに「女性は話が通じない」と言われているわけですから。話が通じないのは私ではなく、仕事が雑なうえに部下が指摘すると怒る部長のほうだろう、と言ってやりたくなります（男性こそ話が通じない人たちで、部長も男性だから話が通じない、と言いたいわけではありません。また、部長が女性だとしても、女性としての「連帯責任」を問われて「話が通じない」扱いされるいわれはないでしょう)。性別は関係ないと思われる場面に唐突に差しはさまれ、その場での仕事に女性は不向きである、という前提を強調され、無理強いされるわけですから、「話が通じる」と褒められて気分がよい、というわけにはいかないのも当然です。**褒められてうれしく思っているうちに、女性が不利になるルールを受け入れたことにされてしまう**わけですからね（見当違いの褒め方については第５章であらためて取り上げます)。では、女性を働きにくくするこういった職場環境は、どのように改善されるべきなのでしょうか？

▶「男中心」の環境のふたつの意味

男性と女性は仕事の進め方や会話のモードが異なるにもかかわらず、職場環境は男性の仕事の進め方や会話のモードが標準になっているから女性は働きにくいのだ、という側面はたしかにあります。「男の子として」「女の子として」育てられることによって、男女で仕事の進め方や会話のモードが異なってしまっているということはありそうです。

では、女性のやり方や会話のモードに「配慮」して職場環境が整備されればよいのでしょうか？　でも、これは結局、女性の「女性らしさ」に合わせて職場環境を整備する、ということですよね。女性は「女性らしく」活躍することを推奨される、というのは余計なお世話ではないでしょうか。男女の性差はあくまで傾向の違いですから、いわゆる「女性らしさ」を持たない女性もいます。そういった女性にとってはこの環境整備はかえって不利になってしまう点も問題です。

ここでシーン⑤に戻ってみましょう。焦点になっているのは、「融通が利く」という長所ですが、それって本当に男性に特有の長所なのでしょうか？　「性別は今は関係ないよね？」と思うのであれば、この前提をそもそも疑ってよいはずです。

たとえば、逆に女性の長所として「融通が利く」ことが挙げられる場合も珍しくないと思いませんか？　だから、まったく同じ含みを持たせて、「男のわりには話が通じる」と女性が発言することも可能です（が、やはり正しくない気がします）。

「女性のわりには」にイラッとする理由には、この点もじつは含まれているのではないでしょうか。つまり、「女性のわりには」と男性が発言することで、発言した男性はいつの間にか「融通が利く」という長所を持っていることになっている、その前提が不当だからではないでしょうか。ましてやシーン⑤における男性は、その前提のもとに女性をジャッジしているわけですから、「男ってだけで自分が融通の利く人間だと考えるのはただの自惚(うぬぼ)れ」と言ってやりたくなるのも当然だと思います。

「男中心」の環境とは、「男性の得意なこと」が評価される環境であるだけでなく、評価されるべき能力を男性（だけ）が持っていると前提してもらえる環境でもあるのです。

この観点から考えると、女性が働きやすい職場とは、男性の仕事の進め方や会話のモードを標準としないだけでなく、職場での能力を「男性の長所」として男性が独り占(じ)めしてしまう雰囲気(ふんいき)を持たない職場だ、と言えるでしょう。

その仕事に必要な能力は何か。その能力は性別によって習熟の度合いが違うものなのか。特定の性別がその能力をより多く持っている、という前提はかえってその能力の向上や共有を難しくしていないか。

「女性のわりには」はこうした重要な問いについて考えることを放棄する言葉です（もちろん「男性のわりには」も同様です）。言われた側はうっかり喜んでしまって言った側をつけあがらせないために、言いそうな側は根拠(こんきょ)のない自惚れに足を取られないために、**性別に関係なく、「評価されるべき能力はそもそもなんなのか、それを性別と結びつけることで曖昧(あいまい)なままごまかしていないか」に注意を向ける必要がある**でしょう。

抜け出すための考え方

「男中心」の環境とは、「男らしい」特徴(とくちょう)が有能さの基準となっているだけでなく、有能さの基準を「男である」というだけで満たしていると前提してしまう環境のことでもあります。「女性のわりには」を好意的な評価として放置せず、必要とされている能力そのものの中身に焦点を戻す必要があります。

もっと知りたい関連用語

【性役割】

「男性ならばこうすべき/でない」「女性ならばこうすべき/でない」といったふるまいに関する要求は、単独で作用するのではなく、組み合わさって「男性とはこういうもの」「女性とはこういうもの」というイメージとなって個々人に課されます。こうした、期待されるふるまいの組み合わせ全体のことを性役割と呼びます。仕事の進め方や会話のモードも、多くの場合は複数の要求の組み合わせとして課されるので、性役割の一例と考えることができます。

もっと深まる参考文献

大沢真理, 2020『企業中心社会を超えて――現代日本を〈ジェンダー〉で読む』岩波現代文庫

シーン⑥

「その年齢の子どもがいるわりには若く見える」

授業参観って、
何を着ていけばいいかいつも迷う

子どもはもう小６だっけ？
あとでいろいろ言ってきたりする年頃だよね

そうそう。だからひさしぶりに
セットアップにした。変じゃないかな？

すごくいいと思う。
その年齢の子どもがいるわりには
若く見えるよ

▶服装選びという悩みの種

「誰もが着たい服を着たいように着ればいい」が基本原則だとしても、世の中には「TPO（Time＝時、Place＝場所、Occasion＝状況）をわきまえるべし」という厄介なルールもあり、服装選びはしばしば悩みの種になります。「結婚式では主役の花嫁（はなよめ）や花婿（はなむこ）より目立つ服装をしてはいけない」くらいのルールならまあ、わからなくはないですが、ほかの列席者から浮（う）かないように、などと考え始めると服装方程式はとたんに解きにくくなっていきます。

さて、女性の服装、あるいは広く容姿に関するルールにおいて、決定的に重要な位置を占めるのが、年齢という要素です。ファンデーションをはじめとする化粧（けしょう）品の広告には「マイナス〇歳肌（さいはだ）」とか「若見え」といった宣伝文句があふれ、加齢による体型変化に対応した補正下着が数多く売り出されています。もちろん「若くあれ」と要求されるのは女性だけではありませんが、たとえば男性は、女性ほどには日頃から「若くあれ」というメッセージを多く受け取っていないはずです。もし受け取っているなら、男性向けのファンデーションや補正下着も、もっと普及（ふきゅう）しているでしょう。

このような社会において、女性に対する「若く見える」は多くの場合、褒め言葉です。シーン⑥における最後のセリフも、相手を褒めて言っているように思えますし、言われた側がそれを褒め言葉として素直に受け取ることも珍しくないように思えます。では、ここには問題はないのでしょうか？

▶マイルドさとキリのなさ

もちろん、加齢は避けようもないことであり、女性はいつまでも「若くあれ」と言われたってそんなことは不可能だ、と怒りたくもなるでしょう。「若くあれ」が不当な要求である、ということはたしかに言えますし、こうした考え方は、少なくとも表向きには日本社会にも普及しつつあります。ただ、「その年齢の子どもがいるわりには若く見える」には、すんなり褒め言葉として受け取ってしまえる側面がありそうです。けれども、なんとなく割り切れないものも残るように思えます。その理由を考えてみましょう。

まず注目したいのは、「わりには」がもたらすマイルドさと、それゆえのキリのなさです。もし、10代や20代のような「若さ」こそが女性の容姿の理想とされるのであれば、40代や50代においてその「若さ」を体現することは、不可能ではないにせよかなり困難でしょう。ただしそのかわり、諦めるという選択が可能になります。10代や20代のようであり続けることはとうてい無理なのだから、その競争からはもう降りざるをえませんね、かえってホッとしました、となるわけです。

ところが、「わりには」はこの諦めをなかなか許してくれません。**実年齢の「わりには」若く見えるのを褒めることは、実年齢より少し若いあたりを女性の容姿の理想とするわけですから、年齢を重ねてもどんどん追いかけてきます**。

手の届きそうな、がんばれば到達（とうたつ）可能に思える目標は、自分で立てる分にはモチベーションも高まるでしょうし、意義もあるでしょう。でも、他人から要求されると相当しんどいものです。「溺れないペースでゆっくり泳ぎ続けてくださいね」は一見やさしい要求に思えますが、泳ぎ続けたくない、泳ぎたくないという人にとっては耐（た）えがたい要求でしかありません。

▶「年相応であれ」という要求

もうひとつ考えたいのが、女性の容姿についてつねに「若く見える」ことが評価されるとはかぎらないという点です。容姿などが魅力（みりょく）的な30代後半以降の女性を指して女性誌『美STORY』が「美魔女（まじょ）」と呼んだのは2008年ですが､「美魔女」はメディア上で必ずしも好意的に評価されるばかりではありませんでした。女性にはそれぞれの年代に応じた年相応の魅力があるのだから､「若作り」することは不自然である、と批判もされたのです。残念ながら、女性はこのように「年相応であれ」とも要求され続けているように思います。

いつまでも10代、20代のように見られるためにがんばるなんて無理、と諦めようとしたら、「実年齢のわりには若く見える」ことを求められ、それならとがんばってみたら「年相応の魅力があるのに」と批判されたりもする。八方塞(ふさ)がりです。もちろん、**あれこれ理由を持ち出して女性の容姿をジャッジしようとするその姿勢がまず反省されるべき**でしょう。

相手に「若く見える」と言ったり、言われてうれしく感じたりすることを全面的に避けるべき、というのは現実的ではないかもしれません。でも、「女性の容姿」と「若さ」を結びつければ、いつでも女性を追い詰(つ)めることができてしまいます。「若く見える」と褒めたくなったら、「あなたによく似合っている」とか「あなたの新しい魅力を引き出している」とか、**目の前の相手を「若さ」をめぐるなんらかのレースに巻(ま)き込まない褒め方に置き換(か)える言葉を探すことを心がけてみるとよい**のではないでしょうか。

抜け出すための考え方

「若く見える」ことと「年相応である」ことという矛盾する期待によって、女性は容姿に関して苦しめられることが多いです。「若さ」をめぐるレースに巻き込まない、巻き込まれないように自身や他者の装いを楽しんだり、あるいは装いを気にかけることをやめたりできる感覚を磨きませんか。

もっと知りたい関連用語

【エイジズム】

もともとは高齢者差別を指すものとしてアメリカの老年学者ロバート・ニール・バトラーが造った言葉ですが、現在では、年齢をめぐる差別的な考え方を広く指すものとしても使われていますので、「若さ至上主義」といった訳語をあてることもできるかもしれません。さらに現在では、「年相応であれ」という考え方をエイジズムに含むこともあります。

もっと深まる参考文献

谷本奈穂 , 2018『美容整形というコミュニケーション――社会規範と自己満足を超えて』花伝社

シーン⑦

「女性ならではの視点」

なんで私もこのプロジェクトの
メンバーなんですか？

最終的には新しい女性向けの
医療（いりょう）保険を作ることが目標だからね

でも私、
ずっと学資保険の担当でしたよ

山口さんは女性だからだよ。
女性ならではの視点からの
意見が欲しくてさ

▶女性の経験は、まだまだ軽視されている

組織で働いている以上、いつも自分に向いている慣れた仕事をさせてもらえるわけではない。そうはわかりつつも、「なぜ私がこの仕事を？」という問いに納得のいく答えが欲しいと思うこともあるでしょう。また、その答え、つまり自分に何が期待されているのかがわかれば、仕事の質が上がる、ということもあるはずです。

では、「女性ならではの視点」が求められているとわかったら、「なるほどそういうことか」と納得して女性は仕事に前向きになれるものでしょうか。もちろん場合にもよりますが、荷が重い、気が進まないと思う人も多いように思います。なぜでしょう。

前提から確認します。たしかに今、企業を含め社会の多くの場面で、女性の経験に注目することが求められています。というのも、社会のしくみのかなりの部分が、男性のあり方を前提として設計・運営されているという事実があるからです。たとえば、医薬品研究が女性を対象としてこなかったことへの反省から生まれた性差医療なども、女性の経験に注目する試みのひとつと言えるでしょう。ですから、医療保険が女性の経験に配慮できていないのであれば、そこに注目することはもちろん素晴らしいことです。

▶「女性の代表」扱いはしんどい

ただし、**女性の経験が配慮されるべきだからといって、そのために個々の女性が「女性ならではの視点」を期待されることを正当化できるわけではありません**。むしろ、そういう期待にこそ、女性の経験が配慮されていないという問題が表れているのです。順を追って説明します。

ある特定の女性の経験が軽視されているのであれば、その人が軽視されていると指摘すればよいわけですから、「女性の経験の軽視」と言うときの「女性」は集団としての女性を指しているはずです。その集団の中の個々の女性は、何かしらのよくある経験を共有していることも、またほかの人とは異なる珍しい経験をしていることもあるでしょう。そしてどちらの経験も、その人が女性であるということと関連している場合があります。でもおそらく、「女性ならではの視点」という言葉が想定しているのは、前者の「よくある経験」だけです。

ですから、「女性ならではの視点」を期待される人は、自身の女性としての経験の中から多くの女性が共有できる経験を切り出して、必要とされている話し合いなどの場に価値あるものとして提示することを期待されるわけです。

でも、これでは**「私の女性としての経験の中には価値の**

ないものもあると自身で認めること」を要求されているわけで、むしろ女性の経験は軽視されていないでしょうか。

また、個々人は自分の人生のみを生きているわけですから、自分の経験が多くの人に当てはまる共通のものであるかを確かめるのも、じつは簡単ではありません。「女性ならではの視点」を提示しようとするために、個々の女性は自身の経験が一般的なものなのかをわざわざ考える手間をかけなければならないのです。

これは、そもそも「男性ならではの視点」を期待されることが少なく、期待されるとしたら「その人なりの視点」を、という男性の場合とは対照的です。男性が会議などの場で発言するとき、その発言がほかの男性の意見も反映しているかを考える必要はほとんどの場合ありません。

同じことを別の表現で言い換えてみましょう。マジョリティ特権についての専門家である米国のダイアン・グッドマンは、マジョリティ特権（社会におけるマジョリティがマイノリティとは違って逃れることができている負担）の一例として、「マイノリティ代表として発言することを要求されないこと」を挙げています。

自らの属する集団の人々の意見を集約したり反映させたりすることなく、自分自身の意見を自由に述べられるという状態は、じつは誰にでも与えられているものではなく、マジョリティに特有のものなのです。男女はほぼ同数ですから「マジョリティ／マイノリティ」と言い直すことに違和感があるかもしれませんが、これは社会の中での発言が尊重されやすいかそうでないかについて差があるということで、「男性は男性代表として発言することをほとんど要求されない」のは、やはりマジョリティ特権のひとつ、と言えるでしょう。

「女性ならではの視点」を期待されるとき、女性は知らず知らずのうちに個人ではなく「女性の代表」として発言したりアイデアを提供したりすることを求められます。これでは荷が重いと感じるのも当然です。

せめて「プロジェクトに女性が少ないことに危機感を持って招集したが、女性を代表する必要はないので個人の意見を積極的に言ってほしい」などというフォローがあるとよいと思います。「代表者扱い」の重圧や自身の経験を精査する手間から離れたところでなら、個々の女性は提供できる、また提供すべき視点や経験をたくさん持っているはずですから。

抜け出すための考え方

「女性ならではの視点」を求めることは、個々の女性に「女性の代表として語る」という不当な要求を課すことになる場合が少なくありません。男性にそれが求められていないのですから、女性にも個人としての意見を求めるべきであり、そのうえで何が女性の経験への配慮になるかを吟味(ぎんみ)していくべきでしょう。

もっと知りたい関連用語

【マジョリティ/マイノリティ】

多数派/少数派と訳されることもあるため、単純に数の大小の問題だと理解されることが多いのですが、社会が「標準」としている属性かそうでないかという観点からの区別であると考えるほうが適切です。社会構造によってその属性の中での権限や富の多さ/少なさが決まっているという点を理解してもらうために、私は大学の授業などでは「構造的強者/構造的弱者」と説明したりもします。男性がマジョリティ、女性がマイノリティと言いうるのも、この観点によるものです。

もっと深まる参考文献

ダイアン・グッドマン著，出口真紀子監訳，田辺希久子訳，2017『真のダイバーシティをめざして――特権に無自覚なマジョリティのための社会的公正教育』上智大学出版

シーン⑧

「主婦だからこそ できることですよね」

PTA副会長って、
仕事はたいへんですか？

平日昼間の会議に出席する以外の負担は
ないので、ほかの役職よりは楽ですね

そうですか。もしほかに誰もいなければ、
私がやってもいいですけど……

助かります！
やっぱりこういうお役目は主婦だからこそ
できることですよね

▶主婦、暇だと思われていません？

PTAのクラス委員や役員にかぎらず、「平日の昼間に拘束される仕事」に主婦、とくに専業主婦が駆り出されることは少なくありません。でも、「主婦はただで働いてもらえる暇な人」と思われていると感じ、腹を立てている人は少なくないはずです。

ここにはいくつかの論点が折り重なっています。私がいちばん取り上げたい点についてはあとで述べるとして、それ以外の点を先に確認してみましょう。

まず、そもそもこういったPTA役員の仕事が本当に必要なのかという問題があります。本来PTAには参加してもしなくてもよいのですが、実際にはほとんど強制のように参加させられていて、しかもその仕事が子どもや地域のためにどう役立っているかもわからない、とすれば、活動自体をやめるべきだと考えたくなるのも当然です。

また、かりに必要だとしても、主婦にそれを無償で押し付けることは問題でしょう。「夫の稼ぎで食べられているのだから」と「子どものためなのだから」があわせ技になって、無償のボランティア労働が強いられているとしたら、それは不当ですよね？　せめてそれにふさわしい謝礼が欲しい、と思ったってよいはずです（ボランティアと言えば無償が当然と思う人もいるかもしれませんが、有償のボランティアも存在します)。

そもそもそんなに(専業)主婦は暇なのか？　という問題も考えることができるでしょう。2021年の社会生活基本調査（総務省統計局）によれば、夫が有業で妻が無業の子どものいる世帯における1日の有償労働と（ボランティアを除く）無償労働の時間の長さ（いずれも週平均）は、夫で有償労働7時間44分、無償労働が80分、妻で有償労働が1分、無償労働が7時間53分です。たしかに両者を足すと夫のほうが1時間強多くはあるのですが、1日に8時間も家事労働に拘束されている専業主婦が暇、とはとうてい言えないと思います。

▶「当然できるはず」がしんどい

さて、シーン⑧における主婦のように、積極的に引き受けたいわけではないけれど、それで場が収まるならと思って、「私がやってもいいですけど……」となんらかの仕事を引き受けた、という経験がある人は少なくないはずです。でも、そうやって引き受けたことに対して「主婦だからこそできること」と好意的に評価された場合、その好意を素直に受け取れるでしょうか。少なくない人が「本音は主婦なら誰でもできること、と言いたいのでは？」と疑うと思います。

「○○にこそ向いていること」「○○だからこそできること」といった褒め言葉を、「ならでは」系の表現、とまとめてみましょう。**「ならでは」系の表現は、その人に特有の長所を褒めるものでもありえます。でも一方で、その人の属性からすれば「当然できるはず」という含みを持つ、いわば褒めているようで褒めていない表現でもありえます**。たとえば、「ほかの役職よりは楽」な仕事には特別な能力が必要ないわけですから、「暇」な主婦ほど適している、以外の評価の要素を、「主婦だからこそできること」という表現から感じ取ることは不可能でしょう。褒めているように見えて、単に「条件に合致している」以上のことは言っていないのです。

さらに付け加えたいことがふたつあります。シーン⑧の例は、褒めているようでじつのところ専業主婦というライフスタイルが条件に合致しているとしか言っていないわけですが、「能力」を褒めているようで褒めたことになっていないというパターンもあります。

たとえば、PTAバザーの屋台で焼きそばを作る役割を引き受けて「主婦だからこそできること」と褒められた場合はどうでしょう。「主婦なら料理がうまくて当然」という決めつけが隠れた、見かけだけの「褒め言葉」だと感じる人もいるのではないでしょうか。「ならでは」系の表現は、その人の能力に言及していても褒めたことになっていない場合があるのです。

もうひとつは、本当に好意的に褒めるつもりで言った言葉が、「当然できるはず」としか言ってもらえなかったと受け取られることです。シーン⑧でも、「時間のやりくりが上手な人に頼めてよかった」という意味で「主婦だからこそできること」と言ってしまっただけかもしれません。バザーの例では、「料理が上手な人に頼めてよかった」が真意だったかもしれません。でも、特定の役割を期待される「主婦」という言葉にそれらの真意を込めようとすれば、「あなたがそれをやって当然」という含みによって相手への評価や感謝を目減りさせかねません。

もし、**感謝や評価を素直に伝えたいのであれば、「主婦」や「女性」といった、「こうあるべき」とされがちな属性を口にするのは避けるべき**でしょう。「誰も引き受けてくれないと困ることになったので本当に助かった」「協調性のある人に引き受けてもらえてありがたい」などの言い方であれば、ほかでもないその人に対する好意を伝えたことになるはずです。

抜け出すための考え方

「ならでは」系の言葉は、「主婦」や「女性」といった、「こうあるべき」とされがちな属性と結びつくと「できて当然」「やって当然」という含みを生んでしまいます。相手への感謝や評価を素直に伝えたい場合は、このような属性には触れずにその気持ちを表現できないかと考えてみるべきでしょう。

もっと知りたい関連用語

【新・性別役割分業】

本文中で取り上げた社会生活基本調査によると、子どもがいる共働き世帯の夫の有償労働時間は7時間58分、無償労働時間は78分で、妻の有償労働時間は4時間26分、無償労働時間は5時間20分です。ここからわかるように、日本の男性は共働きでも家事をほとんどしません。「夫は仕事、妻は家事」というスタイルを性別役割分業と呼びますが、このような「夫は仕事、妻は仕事と家事」というスタイルを新・性別役割分業と呼びます。共働きが女性の負担を増やさないよう、「家事をしない夫」の問題を解決する必要があります。

もっと深まる参考文献

中野円佳, 2019『なぜ共働きも専業もしんどいのか——主婦がいないと回らない構造』PHP新書

Column 2　うちの女の子

上司が女性社員を指して「うちの女の子」と呼ぶことがあります。「女の子」という言葉の一般的な用法には含まれないような、中高年の女性社員を含むことも少なくありません。この言い方、ちょっとイラッとしませんか？

「女性は（実年齢よりも）若い存在として扱えば喜ぶだろう」という善意から出た発言かもしれません。たしかにそういった気持ちを女性が抱（いだ）くことはあるでしょうから、その気持ちに応えるつもりで「女の子」と言っておけば、すべての女性社員を実年齢よりも若い存在として扱っていることになり角が立たない、と思うのでしょう。

ただ、中高年の女性社員からすれば、「女の子」と呼ばれて「その通り、私は女の子です」という雰囲気を出せば「若ぶっている」などと批判されるかもしれず、かえって迷惑（めいわく）なことでもあるでしょう。「自分のことを若いなんて思ってませんって」とわざわざアピールせざるをえない立場に追い込まれることは、面倒なエイジズム（→シーン⑥）そのものでしかありません。あるいは、「女の子」という言葉に「一人前の働きができない人」という意味合いを感じ取って不愉快に思う人もいるでしょう。エイジズムと女性差別は相互に絡（から）み合っていると言われますが、ここにもその構造がありそうです。他人を対等な立場と考えるのであれば（そして性別について触れる必要が本当にあるなら）「女性」と言えばいい。そういう単純な話であるように、私には思えるのですが。

第3章

"本物の女"を押(お)し付ける言葉

3

シーン⑨

「女子力が足りないんじゃない?」

昨日の合コン最悪だったわ。
料理に全然手を付けない男ばっかりで

それのどこが最悪なの?

「自分から手を付けたら
誰が取り分けてくれる女性か
わからないから」
だって。知らんわ

そこは合コンなんだから取り分けなよ。
女子力が足りないんじゃない?

▶「男らしさ」「女らしさ」批判のふたつの道筋

「恋人になるかもしれない、あるいは恋人を紹介してくれるかもしれない人に気に入られたい」という気持ちを利用されて、相手にとって都合のよい役を割り振られてはたまりませんね。ただ、ここではその気持ちだけでなく、女性であるということも利用されているように思えます。考えてみましょう。

当たり前のことですが、他人にサラダを取り分けてあげること自体は親切な行為です。ある程度気心の知れた者同士の集まり（合コンがそうだと思ってしまうのがもしかしたら勘違いの種なのかもしれません）では、サラダを取り分けてあげるくらいのことはしても問題ないどころか、むしろよいことのはずです。

問題は、誰がやったとしても褒められるべき親切な行為が、特定の属性、この場合は女性に結びつけられてしまう点です。「女子力」が「他人を気遣う能力」「その場面で必要な作業を嫌味なくやってあげる能力」といったものを指すのであれば、そんな能力は性別に関係なくみんな持っていたほうがよいに決まっています。「女子」にだけそれを押し付けるな、と言いたくなるのも当然ではないでしょうか。

特定の性別にだけなんらかの理想像が求められる場合、

そのことについて批判的に考えるのには、ふたつの道筋があります。ひとつは、**「そんな理想の押し付けはいらない」**と考える道筋です。「男の言うことにしたがうべき」「他人に魅力的に見えるよう着飾るべき」などと女性が求められることに対しては、「そんな必要はない」と返せるはずです。一方、「他人を気遣うべき」「その場面で必要な作業を嫌味なくやってあげるべき」などと女性が求められることに対しては、**「それは性別にかぎらない長所のはずだ」**と返すべきでしょう。

付け加えれば、このような「誰もが持つべき長所が特定の性別に結びつけられること」は、女性に関してのみ起こるわけではありません。決断力があって責任感が強いことを指す「男気がある」や、きっぱりとしていて「男前」といった長所も、女性が持っていてもよいはずです。私としては、「男気が足りない」と批判されたら、「男だけにそれを求めるのはおかしい」と言いたくなります。

ただ、「そんな理想の押し付けはいらない」と「それは性別にかぎらない長所のはずだ」を区別するのが難しい場合があるでしょう。「他人に魅力的に見えるよう着飾るべき」が恋愛や友人関係における女性の理想だとするなら「そんな必要はない」でよいのですが、かりに飲食店スタッフの女性に課せられる理想という場合にかぎれば、「『魅力的』

は言い過ぎだが、『清潔』には誰もが見えるべき」と言ってもよい気がします。「女子力」や「男前」、もっと一般的に言えば「男らしさ」「女らしさ」の呪縛から逃れるためには、ふたつの道筋のどちらに向かって批判を組み立てるべきなのか、丁寧（ていねい）に吟味する必要がありそうです。

▶批判をためらわせるふたつの可能性

「男らしさ」「女らしさ」の中には性別に関係なく誰もが持っているべき長所があるからこそ、それを批判してはいけないのでは？　と勘違いしてしまう場合がふたつあります。最後に、その点について考えておきましょう。

ひとつは、「男らしさ」を女性が持つ、「女らしさ」を男性が持つ、と言われる場合があることです。「男気のある女性」「女子力のある男性」という言い方はたしかに可能です。ではこのとき、「男気」や「女子力」は「特定の性別にのみ課されている理想」にはならないのでしょうか？　そんなことはありませんよね。「この女性はこんなに男気があるのに、男のお前がそんなでどうする」「この男性はこんなに女子力があるのに、女のお前がそんなでどうする？」という批判が、その背後にある場合は珍しくありません。

誰もが持つべき長所は、残念ながら誰もが持ちうる長所ではありません。ある長所がなくともほかの長所があって、それが人となりや個性となる、でよいはずなのに、特定の長所を強要されるとすれば、それは理想の押し付けでしかないでしょう。

もうひとつ、「女子力がある」や「男気がある」と言われて、まんざらでもない、という気分が生まれることがあります。長所の指摘にうれしくなるのはわかります。ただ、褒められて気分がよいから「女らしさ」「男らしさ」の押し付けに問題はない、と言えるかは別問題です。「女らしくない」とされる特徴がむしろ長所である女性や、「男らしくない」とされる特徴がむしろ長所である男性が正当に評価されないのはアンフェアです。また、少しでも「女子力」や「男気」が失われたと判断されると「女のくせに」「男のくせに」と否定されかねない点も不当でしょう。長所の種類が変化することは、悪いことではありません。

性別で特定の長所を独占（どくせん）するという前提ではなく、さまざまな長所をそれぞれの人々が独自のやり方で体現している、という前提を忘れずに他人の長所を褒め、他人に褒められて過ごしていきたいですね。

抜け出すための考え方

特定の性別にだけなんらかの理想が求められる場合、「そんな理想の押し付けはいらない」と「それは性別にかぎらない長所のはずだ」とする批判が可能です。性別にかぎらず望ましいことについては、「女子力」「男前」などの言葉を使って褒められても受け入れてしまいがちですが、性別による長所の独占には問題があるので、あくまで個人の長所としてとらえていくことが必要でしょう。

もっと知りたい関連用語

【女子力】

2001 年に漫画家の安野モヨコさんが『美人画報ハイパー』（講談社）の中で用いたのが初めてと言われています。安野さん自身は「彼、もしくは夫が守ってくれることを前提としたファッションやふるまい」としてこの言葉を使っていますが（ただし安野さんは、自分で自分を守る気概に溢れたシャキッとしたファッションも素敵で、優劣をつけるべきではない、とも言っています）、2022 年現在ではサラダの取り分けに象徴されるような「他人に気遣う能力」に力点がシフトしているように思われます。

もっと深まる参考文献

菊地夏野 , 2019『日本のポストフェミニズム――「女子力」とネオリベラリズム』大月書店

シーン⑩

「もう女として見られない」

せっかく子どもを預けて
旅行できるんだし、ダブルルームにする？

え、一緒（いっしょ）のベッドに寝（ね）るの？

ひさしぶりのスキンシップもいいかな、
と思って

いやいや、
今さらもう女として見られないから

▶たしかに性的同意は大前提

シーン⑩ではかなり遠回しに表現しましたが、要するに、女性が性行為を希望し、男性のパートナーがそれを断ったわけです。女性が性欲を持つことや性行為を望むことを（とくに男性が）いまだによしとしない社会においては、女性から性行為を持ちかけることはなかなか難しいものです。この女性が具体的にどんな行為を望んでいたのかはわかりませんが（ここでは性行為の方法について限定していません）、「スキンシップ」という言葉を用いてなんとか希望を伝えようとしているあたりに苦労がうかがえます。

さて、男性はこの誘い（さそ）を断っています。ただ、私は断ること自体を批判したいわけではありません。**どのような関係であれ、性的な行為はそれに関わる人全員の同意のもとになされるべき**です。この同意のことを「性的同意」と呼びますが、この言葉の中には「誘う側が相手の積極的な同意を得る必要がある」という原則が含まれています。シーン⑩の場合、男性が自発的に同意を表明するかを女性が聞き取る必要があり、「断らなかった」「明確な返事がなかった」ことを承諾（しょうにん）と解釈してはならないということです。男性は女性の誘いを断っているように見えますので、二人が夫婦であろうが、女性がどれほど強くそれを望もうが、男性にスキンシップを強要すべきではありません。

▶その断り方はないだろう

性的同意が成立しなかったのは、女性にとっては残念ではあるでしょうが、男性の落ち度ではありません。でも、この断り方は許せない、と思う人もいるのではないでしょうか。私もこの断り方はないだろう、と思います。

もちろんその理由は単純です。**「性的欲求の対象となること」こそ「女」であることの意味である、との前提に立つ物言いが問題**でしょう。ここでは明らかに、「女として見られる」という言葉の意味が「性的欲求の対象と思える」ことだからです。

歴史上よく見られる女性差別の中には、女性であることの意味や、他者にとっての女性の価値を特定の役割に紐(ひも)づけるものが多くあります。近年だと、女性を「産む機械」と表現して厳しく非難された政治家がいましたね。その古典的なパターンとして、男性の性的欲求の対象となる役割に「女」であることの意味を求めるものがあります（正確に言うと、女性をふたつに分け、一方には男性をケアする母・妻の役割を、もう一方には男性の性的欲求の対象となる役割を求めるというのが典型的なパターンです）。「女として見る・見られない」はこのようなパターンの表現だと言えるでしょう。そして言うまでもなく、「あなたの性的欲求の対象であるか否かにかかわらず、私は女だ」が正しいはずです。

自分が女性である、という事実の拠り所を個々の女性がどこに置いているかは人それぞれですが、どこに置いている人であろうと他者に一方的にその拠り所を決めつけられるいわれはありません。「女として見られない」という表現は、その拠り所を決める権限を女性自身から奪っているからこそ悪質なのです。

では、「女として見られない」とは言わず、単に「性的欲求の対象として見られない」や「スキンシップの対象として見られない」と言えばよいのでしょうか。たしかにそこに嘘はないのでしょうが、そこまで言わなくてもよいのでは、と私は思います。「あなたとスキンシップをしたい」という望みには、「あなたに私をスキンシップの対象として見てほしい」という期待が含まれていますが、その期待に応えようとは思わないからスキンシップしたくない、とわざわざ踏み込んで拒否の理由を説明しなくてもいいと思うからです。「見られない」という表現が「そう見せることができない女性」の落ち度として受け取られてしまってもよくないでしょう。どのみち多少気まずくなるのは確実でしょうが、「そういう気分ではない」と断るよりほかにないかと思います。

▶「もう男として見られない」

最後に付け加えておきたいのは、女性が男性から「もう女として見られない」と言われるだけでなく、男性が女性から「もう男として見られない」と言われることも十分にありうるという点です。そして、前者だけでなく、後者の場合も当然この断り方はまずいはずです（もちろん、男性から女性、女性から男性以外の性別の組み合わせでもまずいです）。

家事や子育てに追われて疲弊（ひへい）しているのに、そのうえ夫の性的欲求の相手までしなくてはならないのか、と憤慨（ふんがい）する女性がいるのもわかります。ただ、夫が妻に性的欲求を抱くことそのものが不適切だったり、倫理（りんり）的に許されなかったりするわけではありません。夫婦という生活共同体を維持するために性的なスキンシップ以外のことを優先すべきだと考えるなら、そしてその優先順位を守るために積極的に何かをしたいと思うのなら、相手の性的欲求そのものを否定せず、「ほかに優先すべきことがあると思うが、あなたはそうは思わないのか」と問いただすしかないでしょう。

抜け出すための考え方

「女」（あるいは「男」なども）であることの意味を、「性的欲求の対象になると思っている」ことにしてしまうのは不適切です。夫婦やパートナー関係だからといって相手の性的なスキンシップへの誘いに応える義務はありませんが、断る理由が相手の落ち度であるかのような断り方をする必要はないはずです。単に「そういう気分ではない」と伝えて、相手の出方を待つのがよいかもしれません。

もっと知りたい関連用語

【セックスレス】

長期間にわたって性交渉(こうしょう)のない夫婦・カップルが「セックスレス」の状態として日本で問題化され、頻繁に論じられるようになったのは1991年以降です。ただし、日本においても英語圏においても、これ以前に「セックスレス」という言葉は使われていました。既婚(きこん)者のセックスレス（セックスや性的接触(せっしょく)が月に１回未満）率は、2020年の日本家族計画協会の調査によれば51.9%です。

もっと深まる参考文献

パッハー・アリス, 2022『したいけど、めんどくさい——日本のセックスレス現象を社会学する』晃洋書房

シーン ⑪

「女を捨ててるね」

服装とか考えなくていいし、
リモートワークってホント楽

オンライン会議は
そうもいかないんじゃない？

暗めの照明をいい感じの位置に置けば
普段(ふだん)着にすっぴんでも意外とバレないよ

メイクぐらいしないの？
それ女を捨ててるね

▶「メイクをしない女」も女性です

「身だしなみを整えるべし」というルールを守ることは多かれ少なかれ誰にでも期待されますが、女性はこのルールを守ることをより厳しく課されている、と言うべきでしょう。その厳しさのわかりやすい例が、女性は「メイクをしていること」をかなり多くの場面で要求される、ということです。すべての仕事に「身だしなみを整える一環(いっかん)としてのメイクをしなくてよい」とは言い切れないかもしれませんが、ほとんどの仕事はメイクをした顔を晒(さら)すことによってはじめて可能になるわけではないでしょう。「メイクをすべし」は、少なくとも仕事中の女性の容姿に関して不要なルールを押し付けています。

もちろん、周囲に大きく迷惑をかける（香水(こうすい)の匂(にお)いがあまりにもきついとか、他人も手にとるような仕事道具を化粧品で汚(よご)してしまうとか）のでなければ、「仕事に必要ないのだからメイクをするな」と逆に禁じる必要もないでしょう。たとえば、メイクをすることで気分を切り替(か)えて仕事に臨むのは、それが強制されたのでなければなんら問題はありません。**メイクするかしないかは、それぞれの女性に任せる場面が今以上に増えるべき**だと、私は思います。もちろん、たとえば男性に比べて女性に「自分の楽しみのためにメイクする」人が多いこと自体、「女性はメイクすべし」という強い期待が影響した結果でもあるので、単に「各自好きにすればよい」では済まないところもあるのですが……。

さて、「女性はメイクをすべし」というルールは、日常のやりとりの中でどう女性に課されるのでしょうか。もちろん、直接「女性はメイクをすべし」と言われることもありますが、多くの場合は、メイクをしない女性をとがめたりからかったりする言葉や視線、少し堅(かた)い言葉で言えば負のサンクション（制裁）によって課されることになります。「女を捨ててるね」もこの負のサンクションの一例です。

すべてではないにせよ、多くの人にとって、自分自身の性別は自分のアイデンティティの重要な一部です。ですから、「女を捨ててるね」という言葉は、女性に対するかなり強い否定の言葉として働きます。こんなに乱暴な言葉を使ってまで「女性ならメイクをすべし」というルールを相手に押し付けるのは、絶対にやめるべきでしょう。当たり前ですが、「メイクをしない女」も、もちろん女性です。メイクしないからといって女性であることを捨てているわけではありません。

▶「捨てられない」からこそ「捨ててるね」が負のサンクションになる

では、「女を捨ててるね」と言われたときに、「メイクしていないからって女を捨ててはいません！」と反論するのは有効でしょうか。残念ながら、あまりそうは思えません。なぜなら、「女を捨ててるね」と言う人は、相手が本当に「女を捨てている」とは、そもそも思っていないからです。ここに、「女を捨ててるね」という表現の厄介でモヤモヤする問題が隠れています。考えてみましょう。

「○○をしないなんて××とは言えない」という形の批判を完全にかわす方法がひとつあります。「○○をしたくないので、××でなくなってもかまいません」と答える方法です。こんな例はどうでしょう。面倒くさそうなあるロックファンに「○○というバンドを知らないなんて真のロック好きとは言えない」と言われたら、「別にあなたにロック好きと認めてもらわなくてよい」と（声に出さずとも心の中で）言いたくなることもあるでしょう。

そうだとみなされなくてけっこうと思える程度の属性については「○○をしないなんて××とは言えない」という負のサンクションが効かないのです。裏を返せば、**そう簡単に取り外しできない、つまり相手も自分もそもそも疑ってすらいない属性に関してこそ、「○○をしないなんて××とは言えない」という負のサンクションは用いられます**。

「女を捨ててるね」に対して「メイクしていないからって女を捨ててはいません！」と反論してもうまくいかない理由がここにあります。「知ってるよ」と応答されたら、こちらにはもう打つ手がないので、「女を捨ててるね」の暴力性を失わせるところまで会話がたどり着かないのです。むしろ、「捨てられないはずのものを捨てるかのようなふるまいをしている」というように、より強い非難のメッセージを重ねられてしまうかもしれません。

ではどうしたらよいでしょうか？　売り言葉に買い言葉でいいなら「あなたは良心を捨ててるね」「あなたには女扱いされなくてもけっこう」くらいのことは言ってやってもよい気がしますが、そこまで喧嘩腰（けんかごし）になるのはたいていの場合難しいものです。

「そのくらいのことで女を捨てられるならむしろ楽だったんだけどね……」としんみり語って、「女性はメイクをすべし」というルールのしんどさそのものを会話の主題としてしまうのもありかもしれません。「本当にそれで女じゃなくなるものなの？」と正面から聞き返し、「そんなことはもちろんないけど……」と自身の発言を否定させる形で相手から言質（げんち）を引き出すこともできるでしょう。

抜け出すための考え方

実際には「女を捨てる」ことなどできないし、そんなことは起こらないとも思っているからこそ、「女を捨ててるね」は女性に対する負のサンクションとしてはたらきます。「女を捨てていない」と反論するよりも、そんなことで女性でなくなったりするわけがないと認識していることを相手に認めさせて、自分で自分の発言を打ち消してもらうのがよさそうです。

もっと知りたい関連用語

【サンクション】

規範（ルール）を維持するために個別の行為に対してなされる評価の意味を持った反応を、社会学ではサンクション（制裁）と呼びます。ただし、日本語訳の「制裁」に含まれるネガティヴな意味は必須ではなく、規範に合致したふるまいを褒める、と言ったこともサンクションに含みます（この場合をとくに「正のサンクション」と呼びます）。

もっと深まる参考文献

長田杏奈, 2019『美容は自尊心の筋トレ』P-VINE

シーン⑫

「本物の女性に見えるね」

トランスジェンダーって知ってますか？

身体が男で心が女、みたいな？

……まあそんなようなものですかね。
私、トランスジェンダー女性なんです

え、気づかなかった！
本物の女性に見えるね

▶トランスジェンダーとは

トランスジェンダーという言葉、聞いたことがある人も少なくないと思います（し、そもそも読者の中にもトランスジェンダーの人がいるでしょう）。その意味を確認しておきます。2022年現在、トランスジェンダーの一般的な定義は**「出生時に割り当てられた性別と異なる性自認・性同一性を持つ人」**です。「出生時に割り当てられた性別」はわかりにくい表現ですが、生まれたときに医師や看護師、助産師が判定する性別のことですね。もちろんその判定には医学的な基準が用いられますが、同時に性別に関する社会の「常識」（たとえば、新生児の性別は女性か男性のどちらかであるべき、といったようなもの）の影響をも受けているので、自然に決まるというより人間がおこなった社会的な営みの結果であることがわかるように、「割り当て」という表現が用いられています。

性自認・性同一性はどちらも「gender identity」という語句の和訳です。自身の性別に関するある程度継続（けいぞく）的・連続的なリアリティや自己認識のことを指します。ということで、たとえばトランスジェンダー女性とは、出生時に医師などから男性として判定され（その結果として男性として育てられ）たが、現在では女性としての自己認識を継続的に持って（女性として生活して）いる人のことを指します。ちなみに、出生時に割り当てられた性別と同じ性自認・性同一性を持つ人を、シスジェンダーと言います。

少し硬（かた）い専門用語を使ってトランスジェンダーについて説明しましたが、だからといってシスジェンダーの人々がトランスジェンダーの人々と接することそのものが難しいのでは……と心配する必要はありません。もちろん個別にはさまざまな課題がありうるでしょうが、まずは**「その人の性自認・性同一性を尊重し、その性自認・性同一性に沿う性別を持つ人としてその人を扱う」**という基本原則がわかれば十分です。つまり、トランスジェンダー女性を女性として、トランスジェンダー男性を男性として認識し、その性別の人間として接すればよいのです。

▶「本物の女性に見える」のは「本物の女性」ではない

ですので、トランスジェンダー女性に対して「本物の女性に見える」という表現を使うのは、この基本原則に反した、きわめて不適切な行為だ、ということになります。「本物の女性に見える」という表現には、トランスジェンダーは「本物の女性」ではない、という前提が隠れているからです。それが「本物」でないからこそ「本物の」と付け加える、というのは、日本語においては一般的な感覚だと思います（代用肉が「本物の肉と変わらない味」だったり、フェイクファーが「本物の毛皮に匹敵（ひってき）する肌触（はだざわ）り」だったりしますね）。

でも、トランスジェンダーに関する基本原則は「出生時に割り当てられた性別を重視する」ではなく、「その人の性自認・性同一性を尊重する」です。あたかも「本物でない」かのような表現を用いるのではなく、あえて言うならば当然「本物の女性」である、として接するべきです。シーン⑫からすると、トランスジェンダー女性であるとカミングアウトされた人はもともとこのトランスジェンダー女性を女性として扱っていたわけですから、これまでと同じく相手が女性であると認識して接する、でよいはずです。

▶「本物の女性に見える」は褒め言葉？

表現やその前提となっている発想は不適切だったとしても、トランスジェンダー女性が女性に見える、と相手に伝えること自体は善意に基づくものであり、問題ないのではないか、と考える人もいるかもしれません。でも、必ずしもそうではありません。

たしかに、トランスジェンダーの人々の中には、「トランスジェンダーではないのか？」と周囲から疑われないこと望む人もいます。たとえばそういったトランスジェンダー女性にとっては、たしかにシスジェンダー女性と変わらないように見えることは大事かもしれません。

でも、トランスジェンダーの中には、自身がトランスジェンダーであると見た目から周囲に判断されてもかまわない、という人もいます。その人にとっては、「本物の女性に見える」、言い換えればシスジェンダー女性に見えることは褒め言葉ではありません。**シスジェンダーに見えることが好意的な評価に値すると考える感覚そのものを、シスジェンダーの人間はまず疑うべき**だと思います。

「女として見られない」「女を捨ててるね」といった形で、典型的な女性イメージから外れる女性を傷つける言葉の問題について考えてきましたが、トランスジェンダー女性もまた、典型的な女性イメージから外れるとして傷つけられてきました。典型的な女性イメージが含む暴力性を身にしみてわかっているシスジェンダー女性なら、トランスジェンダー女性を「偽物（にせもの）の女性」扱いするのは誤りだと気づけるはず、私はそう信じています。**ありとあらゆる典型的な女性イメージに、私たちは抵抗（ていこう）していく必要がある**と、この章の最後にあらためて述べておきます。

抜け出すための考え方

「本物の女性に見える」は、実際のところ相手を「本物の女性」扱いしない表現です。トランスジェンダー女性に対してこの言葉を投げかけるのは、相手の性自認・性同一性を尊重するという基本原則に反しています。善意からの発言であったとしても、その背後にある、相手がシスジェンダーに見えることを好意的に評価する発想そのものが批判されるべきです。

もっと知りたい関連用語

【ミスジェンダリング】

トランスジェンダー女性をhe/himと呼ぶなど、相手の性別を当人の性自認・性同一性と異なるものとして表現することをミスジェンダリングと言います。ミスジェンダリングはきわめて重大な人権侵害(しんがい)であり、許容できるものではありません。最近ではSNS上やwebミーティングなどにおいて、自身をどの性別の人間として扱ってほしいかを氏名のあとに「she/her」などといった形式で表記することも増えてきました（私の場合だと「森山至貴（he/him)」などとなります)。

もっと深まる参考文献

ショーン・フェイ著，高井ゆと里訳，2022『トランスジェンダー問題――議論は正義のために』明石書店

Column 3　妊娠なんて病気でもないのに

そもそも、病気じゃないなら休んではいけない、といった感覚が共有されていること自体が不自由だと思うのです。誰だって休みたいときはありますし、休みたいときには休めたほうがよいに決まっています。たしかに妊娠は病気ではないですが、だから休む理由にならないとばかりにわざわざ病気でない事実を利用してまで「人を休ませない」ようにしたい気持ち自体、なんだか窮屈で私には納得がいきません。

とりわけ妊娠や出産に関しては、「休ませない理由」にさせないことだけでなく、「病気でない」ことの意味を勘違いしないための補足説明が必要でしょう。病気でなくても、妊娠や出産はそれを経験する人の身体に強い変化を及ぼすことは事実ですし、その中には医学的な対処が必要だったり可能だったりするものがあります。このとき、医学が介入して妊娠や出産をより安全で苦痛の少ないものにすることは、当然必要です。妊娠や出産は「病理化（病気や障害として治療の対象すること）」されるべきことではないのですが、「医療化（医学の力によるサポートの対象とすること）」されることはありえますし、されるべきです（ちなみに、「病理化」すべきではないが必要に応じて「医療化」すべきこととして、ほかにトランスジェンダーの人々の身体に関わる性別移行があります→シーン⑫）。「病気でない」＝「医療化の必要がない」と考えてしまわないよう、私たちは気をつけるべきです。

第4章

"大事にする"を勘違い(かんちが)いした言葉

4

シーン⑬

「皿洗い、やっておいてあげたよ」

ただいま。今日も疲れた！

おかえり。仕事、忙(いそが)しそうだね

月末まではバタバタしそう

お疲れさま。
皿洗い、やっておいてあげたよ

▶恩着せがましい

「やっておいてあげた」という表現は恩着せがましい。けれども、これは皿洗いを肩代（かたが）わりしたことを適切な言葉遣いで表現してほしい、という話ではないでしょう。

シーン⑬の「やっておいてあげた」という表現の中には、「あなたの代わりに」という意味が含まれています。「ニンジンが嫌（きら）いなら私が食べてあげる」には、本来なら相手が食べるべきところを私が代わりに食べる、という意味が含まれていますよね。だから、「皿洗いをやっておいてあげた」という表現には「本来ならあなたが皿洗いをすべきところを、代わりに私がおこなう」という意味があります。どんな言葉であれ、イントネーションや表情の中に「本来ならあなたがすべきことだが」というニュアンスを感じ取れば、「なんで私がやらなきゃいけない、ってことになっているわけ？」とモヤモヤするはずです。

▶なぜ私がするべき？

シーン⑬は、仕事帰りの女性と同棲（どうせい）中の恋人（男性）という設定です。この性別の設定が重要である気がしませんか？　つまりこういうことです。家事に関して、女性はたびたび男性から、「それはあなたがすべきこと」という圧を感じる、それが不愉快なのだ、と。シーン②でも述べたように、男性は仕事を、女性は家事をすべしという性別役割分業意識を持つ人は多いです。共働きが標準となった今では、男性は仕事、女性は仕事と家事をすべしという新・性別役割分業に移行していますが、いずれにしても**「家事は女性がすべし」という意識はいまだに一般的です。「やっておいてあげたよ」の中に隠れる「本来ならあなたがすべき」という感覚は、女性に課されるこうした期待に裏打ちされている**と言えるでしょう。「やっておいてあげたよ」に「本来、皿洗いは女性がすべきなんだけどね」というニュアンスを感じれば、怒りたくなるのも当然です。

ただ、「やっておいてあげたよ」にモヤモヤしてもいい理由を「家事は女性がすべし」というルールの不当性だけに求めるのは間違いだ、と私は考えます。たとえば、きちんとした夫婦間の話し合いによって皿洗い担当になった人になら、「やっておいてあげたよ」と言ってもいい、それに腹を立てるのは筋違いだ、とは私には思えないからです。

カップルにかぎらず、共同生活においてはそれぞれのメンバーに不測の事態が起こることもあるでしょう。そのときは、その人の担当する役割を別の誰かが柔軟にサポートしたりフォローしたりするべきです。共同生活を営むとはそういうことでしょう。ですから、**共同生活において誰かの代わりをすることはすでにメンバー全員の「義務」でもある**わけです。「やっておいてあげたよ」という表現には、この「義務」にあたる行為をあくまで「善意の行為」ととらえる発想、言い換えればやってもやらなくてもいい自発性にゆだねられた行為ととらえる発想が隠れています。だからこそ、それは共同生活を営む者としての「義務」から逃(のが)れている、とも考えられるわけです。

▶家事の「流儀(りゅうぎ)」を手放す

女性が、あるいはそうでなくても共同生活を営むメンバーの誰かだけが家事をして当然ではない、なぜならそれは、性別役割分業規範や共同生活の責任からの逃避(とうひ)なのだから、と述べてきました。ただ、そう考えて家事をしているはずのカップルでも、ときに「これでいいの？」と思う形をとっている場合があります。それは、女性が家事のスタイルを全部決めてしまい、男性が実行役になっている形です。

たしかに、得意なほうが段取りを決め、苦手なほうは手を動かすだけにする、という役割分担は効率的ですから、女性が段取りを決め、男性がそれを実行するというパターンが多くなるのもわからなくはありません。ただし、これではまるで自主性に任せない上司とその部下の関係のようで、「部下」にあたる側は手を動かしつつも陰でグチを言うことになるのでは……と思います。より問題なのは、家事に関する決定権が結局女性に与えられることで、「家事は女性の仕事」という意識がかえって強められてしまう可能性もあることです。「言われた通りにやって失敗したのだから指示したあなたのほうが悪い」と男性から言われかねないのは、女性にとっても決して居心地のよい状態ではないでしょう。もちろん、性別の組み合わせが異なっても同じ問題は起こりえます。

だから、**家事を誰かに任せるのなら、段取りも含めて任せることを真剣に考えたほうがよい**、と私は思います。家事の「流儀」を手放すことで、もっと楽になれるのではないでしょうか。家事が苦手なくせにその「流儀」を押し付けがちな私は、食器カゴへの食器の立てかけ方や浴槽の洗い方などについて、自分の「流儀」を引っ込めて「まあそれでもいいか」と同居相手のやり方に目くじらを立てないようにしたら、私自身の家事負担もストレスも減りました。なんだ、こんなに簡単なことだったのか、と拍子抜けしたものです。

抜け出すための考え方

「やっておいてあげたよ」には「本来はあなたがすべき」という前提が隠れています。家事に関する女性へのルールの押し付けや、共同生活における責任からの逃避に基づいたこの前提は正しくありません。ただし、自分の「流儀」を「実行役」に押し付けるのは逆効果の場合もあります。共同生活に必要な柔軟さをどう確保するかを考えるべきでしょう。

もっと知りたい関連用語

【名もなき家事】

家事をめぐる男女のディスコミュニケーションの大きな原因のひとつに、「ゴミ出し」や「風呂(ふろ)掃除」などのわかりやすいもの以外の細かな作業を男性は家事として認識できていないことが挙げられます。こうした細かな作業を含め、家事の定義を改めて考える中で、大和ハウス工業の多田綾子さんが提唱したのが「名もなき家事」です。「実行役」だけをしていると気付きにくい、その作業の周辺にある「名もなき家事」の負担についても、共同生活のメンバー全員で考える必要があるでしょう。

もっと深まる参考文献

阿古真理，2022『家事は大変って気づきましたか？』亜紀書房

シーン ⑭

「女の子なんだからそんなことしなくていいよ」

あしたのイベントまでにここの設営、
間に合いますかね？

終電までにはなんとか終わると思うけど、
ギリギリかな

ですよね。じゃあ私もこの机、
移動させちゃいますね

ああ、女の子なんだから
そんなことしなくていいよ！

▶ラッキー、なのか？

いわゆる力仕事が典型的ですが、「女の子は」「女性は」それをしなくてよい、と男性に言われることがあります。それはラッキー、で済ませてよいでしょうか？　さまざまなパターンを考えてみましょう。

そもそも、「そんなことしなくていい」と言った男性よりも、言われた女性のほうがその作業が得意な場合があります。大量の資料の移動と収納を「男手」に任せたら、資料の並べ方が悪くてその後の仕事に支障が出る、こんなことなら自分でやればよかった、と女性が思うこともあるでしょう。

それほどの力仕事ではないので、女性も一緒に作業したほうが早く終わって効率的、という場合もあるでしょう。女性のほうが男性よりいつも力がない、というわけでもありません。そもそも、人類の約半分を占める女性にはできないほどに体力を必要とする仕事が本当にあるとしたら、それはたいていの場合が仕事として大がかり過ぎるのであり、もっと小さく分割して誰もができる状態にしておかないと、仕事自体が回っていかないでしょう。

また、代わりに何かをさせられはしないか、という点も気になります。机を運ばなくていい代わりにもっと「女性らしい」作業、たとえば男性たちに笑顔でお茶を淹れてまわるよう強制されるとしたら、それは嫌だな、と思うでしょう。「愛想よくする」ことが、げんなりするほど疲れる「労働」であることを知っていれば、机を運ぶほうが楽、ということもあるはずです。

代わりに何かするよう要求されなければされないで、不安になるかもしれません。男性たちが力仕事をする中で何もせずに突っ立っていたら、あとで誰かに「あいつは仕事をろくにしていなかった」と言われたりしないだろうか。「やっぱり女は役に立たない」などと言われないか。そんなことを考えるくらいなら、いっそ一緒に机を運んだほうが気は楽かもしれません。

▶ラッキーと思う女性を批判すべきではない

「女の子なんだからそんなことしなくていいよ」と言われて「はい、そうですか」と受け入れていいのか、それを考えること自体が個々の女性にとっては悩みの種だ、と述べてきました。長期的な影響を考えても、それをしない、という選択は手放しにすすめられないでしょう。その作業が必要不可欠なものであれば、「女性とはその必要不可欠な作業をできない人々」という評価が与えられる可能性がつねにあります。その評価が蓄積（ちくせき）していくことで、より一般的に「女性は有能でない」と多くの人、とくに男性が結論づけてしまう可能性も少なくありません。ですから、「作業が少なくてラッキー」で済ませるわけにはやはりいかないでしょう。

とはいえ、「ほかの女性や後世の女性のことを考えたら、『女の子なんだからそんなことしなくていいよ』と言われてラッキーと思っていてはいけない」と片付けるのも違う気がします。女性が困った状況に置かれていると解説しながら、その状況を改善するためにラッキーと思ってしまう女性を批判すればよいと考えるのでは本末転倒（ほんまつてんとう）です。どうがんばっても男性と同じ基準では評価してもらえないんだ、と諦めた女性が、それならいっそ可能なかぎり仕事を減らしたいと考えて、「女の子なんだからそんなことしなくていいよ」に素直にしたがうことを批判するのは、時と場合によっては必要なのかもしれませんが、なんだか不誠実なことにも思えます。とくに男性である私には、批判より先にすべきことがある気がするのです。

唯一（ゆいいつ）の正解はない、けれども不正解はある

おそらく、この厄介な状況への対応を女性の側から考え

ること自体が間違いなのだと思います。**「女の子なんだからそんなことしなくていいよ」は、「善意」から出た言葉かもしれませんが、むしろ女性に厄介な対応を迫るような言動かもしれないと、言ってしまいそうな側が気をつけたほうがよさそう**です。著者として私が考えるべきなのも、そのときの「気をつけ方」でしょう。

とはいえそれは、性別にかかわらず誰もが「力仕事」をすべきと硬直(こうちょく)的に決めることではないはずです。その作業に関する向き・不向きは当然あるでしょう。とすると、それぞれの向き・不向きをふまえて、いくつかの作業をフェアに分担したり取り替えたりする、という基本原則を守るべきですし、その認識を共有できる表現を選ぶべきです。「私がそれをやるから、〇〇をやっておいてもらえる？」「疲れただろうから休んでいて。あとで〇〇をお願いするかもしれないから」などのように言えば、少なくとも交渉の余地は生まれます。女性に厄介な決断を迫らなくても、仕事や作業の融通はお互いに利かせられるはずです。

抜け出すための考え方

「女の子なんだからそんなことしなくていいよ」にしたがうことは、一見ラッキーなようでそうでない場合もあり、また長期的には女性の能力を低く見積もらせる可能性も生みます。ただし、女性がこの言葉に抵抗することよりも、この言葉を言う側がより適切な発想や表現で話すことを目指すべきです。女性に特定の選択肢を選ばせるのではなく、いくつかの作業をフェアに分担したり取り替えたりする交渉としてコミュニケーションを組み立てましょう。

もっと知りたい関連用語

【感情労働】

接客業に典型的なように、愛情や親しみなど、その場に合った感情を持ち、それを適切に表に出すことを期待されるタイプの労働があります。これらの労働を感情労働と呼びます。でも、肉体労働や頭脳労働とは違い、感情はあくまで「自発的」なものであると考えられているので、このような感情管理は、業務内容の一部としてそのコストを正当に評価されておらず、いわば「タダ働き」の状態になりがちです。こうした感情労働は、一般に女性や女性の多い職種に課されがちだと指摘されています。

もっと深まる参考文献

A・R・ホックシールド著，石川准・室伏亜希訳，2000『管理される心――感情が商品になるとき』世界思想社

シーン ⑮

「嫁入り前の娘さんに怪我をさせるなんて」

男友だちに誘われてキャンプ初体験してきたよ。楽しかった！

ならよかったけど、
その右手の怪我もキャンプで？

テントを張ろうとして手が滑って、
うっかり切っちゃっただけだよ

男は何をやってたのさ。
嫁入り前の娘さんに怪我をさせるなんて！

▶「嫁」じゃないし、「入ったり」しない

「嫁入り後」だったら怪我をさせてもいいのでしょうか。そんなわけはありませんね。「身体に傷がないこと」が結婚に際して必要とされるものだからそれを損なわせてはいけない、という「善意」に基づいているのかもしれません。でも、見た目こそが配偶者(はいぐうしゃ)になるための美点とさえ言いかねないようなこの発想は、結婚したくない女性にとってだけでなく、結婚したい女性にとってもうっとうしいものでしょう。「見た目に難があると結婚できないよ」と暗に言っているわけですから。そして、結婚した女性自身にとってだって自分の身体は大事なものであるはずですから、怪我させてもいいかのような発言は腹立たしいですよね。「もう結婚できたのだから、身体に傷がついたっていいだろう」なんて、失礼にもほどがあります。**誰かが「怪我をさせたこと」を批判するために、怪我した人をランクづけすることの問題性に、私たちはもっと気をつけるべき**です。

それに、「嫁」にはもともと「息子の妻となり、夫の側の家に属することになった人」といった意味合いがありますから、そこに家父長制や家制度のにおいを感じ取る人もいるでしょう。現在では単に男性が妻を指して「嫁」と呼ぶことも多いですし、「嫁」単独なら私もそこまで気には

ならないのですが（自分では使いませんが）、「嫁入り」はさすがにまずいと思います。「嫁」が夫の家に「入る」と言ってしまっているわけですから。女性を結婚しているか否かで分断する発想、そして結婚している女性をなんと呼ぶか、いずれの点でもこの表現は（一部の）女性をおとしめて扱っているように思えます。

▶怪我なんかさせていない

ただ、「嫁入り前の娘さんに怪我をさせるなんて！」という発言のまずさについて、もう少し考えてみたいことがあります。そもそもこの発言、怪我をさせた男友だちにとってはとばっちり以外のなにものでもないですよね。男友だちがこの女性を切りつけたのでは当然なく、それどころか誤って刃物（はもの）などで女性を切ってしまったのでもないわけです。女性が自発的にテント設営に加わり、慣れない作業で怪我をしたのかもしれません。まわりくどい言い方になりますが、「女性がテント設営に加わらないようにしなかったこと」が「怪我をさせる」ことになるようです。では、このような意味で「させる」を使うことは、「させる」の誤用でしょうか？

そうではありません。じつは、このような言葉遣いを、私たちは（それに納得するかどうかはともかく）誤用とは思わずにたびたびします。ここには規範（暗黙のルール、くらいの意味で考えてみてください）による不思議な性質が関わっているので、見ていきましょう。たとえば「子どもなら屋外で遊ぶべき」という規範を子どもだけが信じている場合って、あるでしょうか？　そうではなく、大人がそう思っているから子どもを屋外で遊ばせる、という場合がほとんどではないでしょうか。

特定の属性の人（この場合は子ども）に対する規範は、その属性を持たない人（この場合は大人）にもその規範の維持を強いることがあります。だからこそ、女性がテント設営に加わっていることを男友だちが知っていながらも止めなかったことで、「怪我をさせた」という形で男性の「行為」が非難されます。

ある人に対する規範が、それ以外の人に「その規範を維持すべき」と強いる規範としても働く、という点について考えてきたのには理由があります。**ある行為をする本人以外の人が自分だけ規範の維持の責任から逃げることは、よくないことをした、として批判の対象になる**ということに目を向けてほしいのです。（ややこしいのでゆっくり読んで状況を理解してほしいのですが）「テント設営は男性がすべき」と男友だちが考え、女性自身はそう思っていないということが、そのまま正しく第三者に伝わる状況を、女性側が作り出すことは可能でしょうか。それは結局のところ「テント設営は男性にやらせたい」と思っていてそれを隠している、という状況にしかならないのです。このような場合には、テント設営を男性に「させた」としてその不当性を批判することが可能であり、必要でもあるでしょう。規範について考えるときには、「その規範を守らせようとする人」の隠れた責任を見過ごすべきではありません。

ですから、「怪我をさせる」ようなことはしていないという反論が正しいのは、この「させる」が誤用だから、つまり「女性はテント設営をすべきではないかもしれないが、だとしてもその規範を維持することに私は関わっていないから」ではありません。「女性はテント設営をすべきではない」という規範そのものが不当なので、その規範を守らないことについて非難される理由がないから、と考えるべきでしょう。

ある規範が、特定の人たちにだけそれをすべき、と指示するもので、それが正しいことなのであれば、その人たちの周りにいる人たちもその規範を維持する責任がある。だからこそ、誰かを間違った規範で傷つけていないかを、私たちみんなで考えていく必要があるのではと私は思います。

抜け出すための考え方

結婚しているか否かによって女性の扱いに差をつけることや、女性は結婚すると夫の側の家に「入る」と発想することは（一部の）女性をおとしめるものです。また、女性に対する不当な規範（暗黙のルール）はその維持を男性に求めることもあるので、女性だけでなく男性を不当に非難する場合もあることを忘れるべきではありません。

もっと知りたい関連用語

【家父長制と家制度】

家長たる男性に家族を統率する権限が与えられている社会のあり方が家父長制であり、この概念（がいねん）は世界のさまざまな文化に適用されます。対する家制度（いえせいど）は、明治民法によって規定され、日本国憲法の制定により廃止（はいし）された日本特有の制度です。家長たる男性に家族を統率する権限が与えられている（戸主権と言います）点は家父長制一般と同じですが、家族の財産や決定権が戸主から戸主に一括（いっかつ）して相続されていく（家督（かとく）相続）ルールの存在がもうひとつの大きな特徴です。

もっと深まる参考文献

井上輝子，2021『日本のフェミニズム――150年の人と思想』有斐閣

シーン⑯

「お前が男だったら殴(なぐ)ってるよ」

なんで頼んでもいないのに
またトイレットペーパーを買ってきたの！

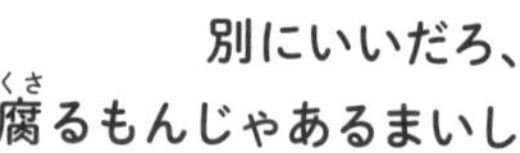

別にいいだろ、
腐(くさ)るもんじゃあるまいし

収納の少ない家だってわかってるでしょ。
廊下(ろうか)がふさがってじゃまなのよ

うるさいな。
お前が男だったら殴ってるよ

▶「住む」と「しまう」の厄介な関係

住むことには、そのために必要なものをしまっておくことが必ず伴います。そしてこの「しまう」作業は、同居している人のあいだにたびたび行き違いを生みます。広い家ならいくらでもストックしておけるけれど我が家はそうではないとか、お金に余裕があるなら必要になったときに買えばいいけど、節約のために特売品を買い溜めておきたいとか、そういった事情が共有されていないと、何をどのくらいどこにしまっておくかという方針が一致しません。

シーン⑯の行き違いもその一例です。トイレットペーパーのように腐らないもののストック量を同居しているメンバーの中の誰かが厳密に決めてしまうことは、たしかに問題でしょう。家事の「流儀」を一方的に決めて相手を「実行役」にすることの問題性については、シーン⑬で触れた通りです。ただ、廊下のスペースを圧迫するほどトイレットペーパーがストックされているというのも、それはそれで考えものです。通りにくいのは不便ですし、災害時には危険でもあります。

ということでシーン⑯では、一方的にトイレットペーパーを買ってきた男性とそれを非難する女性（必ずしもそう限定する必要はありませんが、夫婦という設定で考えてみました）のどちらの言い分が正しいかを結論づけることはできない、と私は考えます。というより、そうなるように会話例を考えてみました。それぞれの家の事情を考慮（こうりょ）し、あまり厳格にならないようにルールを決められるとよいですね、というのが私からの提案、ということになるでしょうか。

▶殴る気もないくせに

でも、男性が言う「お前が男だったら殴ってるよ」はだめでしょう。これは同情の余地なく批判に値する発言です。

まさかとは思いますが、今から言うように考えている人もいるかもしれないので、念のため。「女性を殴らないことはよいことなので、この男性は女性を大事にしていて立派」などと思ってはいませんよね？　もしそう思っている人がいるとしたら、男性のこの発言を言葉通りに受け止めるべきではない、と言っておきたいと思います。

だってよく考えてみてください。「男だったら殴ってる」とのたまう男性が、腹を立てて実際に男性を殴っているところ、見たことがありますか？　ほとんどの人はないと思います。「男だったら殴ってるよ」と言う男性の大半は、男性を殴りません。殴る気もないくせに、「殴る」という選択肢をちらつかせているだけなのです。

もちろん、有言実行ということで男性は男性をときに殴るべきだ、と言いたいわけではありません。誰であれ、ボクシングの試合でもないかぎり殴ってはだめです。

今、「選択肢をちらつかせている」と表現しました。ここにこの言葉の肝(きも)、というか狡猾(こうかつ)さがあるのです。**「その気になれば私はお前を殴ることができる」というメッセージを、自分が男性であり相手が女性であることを強調しつつ伝えるのが、「お前が男だったら殴ってるよ」という言葉**なのです。この言葉の中には、相手に対する怒りや自身の主張の正当性ではなく腕っぷしの強さが重要な価値基準であること、そして女性は弱い存在であるという考えなどが含まれています。怒っていないなら「殴る」という選択肢は持ち出したりしないでしょうし、主張の正当性が大事なら相手の誤りを指摘するでしょうし、女性は弱いと考えていないなら「男だったら」という念押しは不要ですからね。

このように、いくつかの不当な前提に基づく発言をすることで、男性は女性に対して何をしようとしているのでしょうか。おそらく、怖(こわ)がらせている、もう少し違う表現をすれば、**議論でも対話でもなく、強い言葉で女性を自分に歯向かわない立場に閉じこめようとしている**のです。

▶「陳腐な言葉」に飲み込まれない

この言葉に出合ったとき、瞬間的に「怖い」と思ってしまうことはあると思います。「怖いと思わないようにつとめる」ことができればいいですが、なかなか難しいでしょう。それに、言われた側の「自衛」が最優先事項になってしまうのも不当だと思います。**「男性はそうやって女性を萎縮させる卑怯な手を使うな」、と社会全体が考えるようになっていくのが、時間も手間もかかりますがいちばん重要**なことでしょう。

そのうえで、瞬間的に感じてしまった「怖さ」のからくりを、あとから理性の力で少しずつ見抜いていくこともできると伝えたいのです。からくりが見抜ければ、それが単に女性を支配するためのパターン化された言葉であることもわかります。「なんて陳腐な言葉」と意識して思うことも可能でしょう。

とっさに「殴らないでくれてありがとう、と私が言うとでも思った？」とか「他人を殴らないくらいで偉そうにしちゃってみっともない」とはなかなか反応できないでしょうが、心の中でそう思っておくことはできるかもしれません。からくりを知ることで、「陳腐な言葉」に飲み込まれないようになりたいですね。

抜け出すための考え方

女性を弱い立場に追いやりながら、「その気になれば私はお前を殴ることができる」ことを示し、女性を自分に歯向かわない立場に閉じこめようとしている発言は、からくりがわかってみれば陳腐なものです。瞬間的に恐怖(きょうふ)を感じるのは当然ですが、支配に屈(くっ)しないよう、そのからくりは意識できるようにしておけるとよいと思います。

もっと知りたい関連用語

【精神的 DV】

DV（domestic violence）というと、配偶者（やそのほかの家族のメンバー）に対して肉体的な暴力を振るうことを思い浮かべる人が多いと思います。もちろんそれもDVのひとつなのですが、それだけではありません。人前でバカにしたり命令したりする、実家や友人とのつきあいを制限する、なども DV の一種です。相手に恐怖を与えたり、強制的に相手の意志を踏みにじったりする DV を、精神的 DV と言います。

もっと深まる参考文献

打越さく良, 2015『レンアイ、基本のキ——好きになったらなんでも OK?』岩波ジュニア新書

Column 4　生理用品は買えなくてもスマホ代は払えるの？

生活に必要なあらゆる情報がインターネット上に存在し、さまざまな手続きがオンライン化する今、パソコンや安定したインターネット環境を持たない、持てない人にとってスマートフォンは最後の命綱です。ですから、「スマホ代は払える」のではなく、生きていくためには経済的に無理をしてでもスマホは持ち続けないといけない、というのが正確でしょう。「こんなに高いスマホ代が払えるのだから生理用品だって買えるだろう」とか「スマホを持つことを諦めて生理用品を買うべきだ」は、スマートフォンがない時代の議論を現代に無理やり当てはめようとする暴論です。

ただし、ここでもうひとふんばり考えておきたいのです。現代社会ではスマートフォンが必需品だから、「スマホ代」のせいで生理用品が買えなくなってしまうのだ、と反論をする必要がそもそもあるでしょうか。この反論は、「じゃあスマホのほうを我慢できないなら、自分の責任で生理を我慢して乗り切れ」という再反論を呼び寄せてしまいます。でも、「健康で文化的な最低限度の生活」が日本国憲法第25条で保障されているわけですから、そもそも「原則として生理には自分の力で対処しろ」と言わんばかりのこういう発想は、その根本から間違っていないでしょうか。「個々人の生理をめぐる困難を政治と社会の力でいかに解決するか」を正面から考えるべきだと、私は思います。とりわけ、経済的な事情で月経に関して満足に対処することができない状況（「生理の貧困」と呼ばれます）には、早急な対策が必要です。

第5章

"褒(ほ)める"に決めつけを隠(かく)す言葉

5

シーン⑰

「女の子に淹(い)れてもらったお茶はおいしい」

プレゼン、
手応えがあったみたいですね

時間をかけて準備したしね。
うまくいくといいな

お疲れさまです。
たまにはお茶淹れますね。どうぞ

ありがとう。やっぱり、
女の子に淹れてもらったお茶はおいしいね

お茶汲みを女性にさせたらセクハラですか?

お茶汲みは、男女に違う仕事が割り振られることの不当さを象徴するものとして、たびたび取り上げられます。では、女性にだけお茶汲みをさせたらセクハラになるでしょうか。

男女雇用機会均等法において、セクシュアルハラスメントとは、性的な言動によって労働者に就業条件に関する不利益を与えたり、その就業環境を害したりすることを指します。お茶汲みをさせることは、ここで言う「性的な言動」には当たらないので、セクシュアルハラスメントにはなりません。

ただ、男女雇用機会均等法は、セクシュアルハラスメントについてだけ規定した法律ではありません。妊娠中・出産後の労働者の健康管理や、性別を理由とする職場内の差別など、女性の雇用に関するいくつかのポイントについて、禁止事項や事業主の義務を定めたものです。

そして、女性にだけお茶汲みをさせることは、業務の配分に関わる、性別を理由とした差別として禁止されています。セクハラでないなら女性にだけお茶汲みをさせてもいい、わけではないのです。

▶「自発的な」お茶汲みをどう考えるか?

シーン⑰の企業では、女性社員にだけお茶汲みをさせる女性差別的な習慣は存在しないようです。女性社員の「たまには」という表現からわかりますね。

でも、このシーンのお茶汲みが自発的であったとまで言えるか、疑問に思う人もいるかもしれません。「別に業務上の指示ではないけれど、なんとなくお茶汲みは女性がするもの、という雰囲気を感じたのでお茶を淹れた」という可能性はあります。

「雰囲気」は、発言や行動のように明確な形をとりませんが、だからといって取るに足らないものではありません。**私たちはよく、「雰囲気」によって言動を強く制限されたり、促されたりします**。お茶汲みのように、性別に基づいて振り分けられると差別になる行為に関しても同様です。その危険性を感じればこそ、「お茶は必ずセルフサービスで淹れる」といったルールを決めている職場もあります。ずいぶん窮屈だな、と思いますが、メンバーの出入りが激しくて職場の「雰囲気」を改善していく時間や手間がかけられない場合や、「雰囲気」で他人の行動を縛(しば)りがちな人がいる場合であれば、こうした一見窮屈なルールにも意義はあります(似たような例として、「バレンタインデーに『義理チョコ』をやりとりすることを禁止する」職場があると聞いたことがあります)。逆に、職場の「雰囲気」そのものがよく、お茶汲みやそのほかのちょっとした善意の行為が性別や上下関係にかかわらず持ちつ持たれつでおこなわれている職場であれば、こんな窮屈なルールは不要でしょう。このシーン⑰も、職場の「雰囲気」で女性社員がお茶汲みを強いられたわけではない、という設定に（一応）してあります。

▶ 予想は期待になる

でも、問題はむしろここにあります。個人の自発的なお茶汲みであるにもかかわらず、「女の子に淹れてもらったお茶はおいしい」と、女性一般の長所として好意的に評価されるのは、あまりよいことではないのではないでしょうか。

世の中のすべての女性にお茶を淹れてもらったことがある人はいません。ですから、「女の子に淹れてもらったお茶はおいしい」は、その発言者の狭い体験の範囲では「事実」かもしれませんが、実際のところは予想でしかありません。そして予想が人に投げかけられる場合、そこにはたいてい、そうあるべきという期待が込められています。

誰だって、会話の中で自分に向けられた発言が「自分とは関係のない一般論」で「自分の同意を求めていない、前提としていない」もの、つまり自分とは無関係なもの、とはなかなか思わないはずです。「女の子に淹れてもらったお茶はおいしい」と言われたら、自分がお茶をおいしく淹れられるのは女性だからだ、ということを前提に話している相手の立場に同意することを求められている、と考えるのは決しておかしなことではありません。**その発言が女性である自分に向けられた、という事実が、期待に力を与える**のです。だから、「女の子に淹れてもらったお茶はおいしい」を「女の子はおいしくお茶を淹れられるべきだ」というメッセージとして受け取るのは、受け取る側の曲解や「考えすぎ」ではありません。

期待の押し付けを「好意的な評価」に見せかけているんだな、と感じたら、その発言から遠ざかりましょう。「今度コツを教えましょうか？」と、女性一般ではなく自分の能力の問題であること、女性に対する期待としては受け取らないことを表明するのもいいですね。逆に、言う側として「好意的な評価」を純粋に伝えたいのであれば､女性という属性に結びつけず、さらに期待ではないことも示す、たとえば「おいしくお茶を淹れるんですね。今度コツを教えてください」というような伝え方がいいのでは、と思います。

抜け出すための考え方

お茶汲みを女性だけにさせることはセクハラには当たりませんが､女性に対する差別です。また､お茶汲みが女性社員の自発的な行為だったとしても、女性という属性と結びつけてそれを好意的に評価するのは、期待の押し付けとなることがあります。その人個人に対する好意的な評価を、相手への期待とは切り離して伝える方法を持っておくべきでしょう。

もっと知りたい関連用語

【男女雇用機会均等法】

（とくに女性の）労働者が性別によって差別されることなくその能力を発揮できるよう、職場での性差別、セクシュアルハラスメントをなくすこと、妊娠・出産する労働者のサポートについて定めた法律です。1985 年に制定され、1997 年、2006 年、2016 年、2020 年に改正され、現在の形になっています。

もっと深まる参考文献

三木那由他 , 2022『言葉の展望台』講談社

シーン ⑱

「いいお嫁(よめ)さんになれるね」

今日は早めに上がりますね

何か用事でもあるの？

買い出しに行って、
1週間分の作り置きをしちゃおうと思って

へえ、料理得意なんだ。
いいお嫁さんになれるね

▶私作る人、僕食べる人？

1975年に、ある食品企業が「私作る人、僕食べる人」というキャッチコピーの商品広告を打ち出し、女性団体などの批判によってこの広告使用を取りやめる、というできごとがありました。広告の中では、妻が作ったラーメンを夫がちゃっかり食べることが微笑ましいことであるかのように表現されていたので、女性団体などはこの広告が性別役割分業を強化するものだと批判したわけです。今から考えてみればこの批判は当然なのですが、残念ながら当時はこの批判が的外れだとする再批判のほうがむしろ幅を利かせていたようです。

私の感覚では、シーン⑱の「いいお嫁さんになれるね」という発言もまた、性別役割分業を強化する言葉のように思えます。先ほどの広告の場合は、夫が「ちゃっかり」それを食べている描写からわかるように、「食べてよいのは作った人」という建前が一応共有されたうえで、その違反が大目に見られる、というかたちになっています。でも、シーン⑱の「いいお嫁さんになれるね」という発言の主は、作り置きをするこの女性の料理の能力を、一直線に「嫁」としての適性に結びつけています。いわばここでは、**料理を作るという行為が、「他人（将来の夫）のためのもの」とし**

て勝手に意味づけられてしまっているのです。「私は私のために料理を作って、そして食べてよい」という基本原則を無視するこうした発言は、かなり強固な性別役割分業規範の持ち主でなければしないでしょう。たとえば、こんな発言をする人は、「自分で食べるだけなんだから、料理は最低限できればいい」と考えている女性に対して、「そんなんじゃお嫁に行けないよ」くらいのことは言ってしまいそうです。料理ができるだけですぐに「いいお嫁さん」という話題を出してしまう人が、料理のできない人には結婚の話題を出さないデリカシーの持ち主でもあるとはとうてい思えませんよね。

　ということで、こんな発言をする人は性別役割分業規範の持ち主として、自分のプライバシーに踏み込ませないほうがいいでしょう。「自分で食べる用に自分好みの味付けにしてますけどね」と返事をして、あくまで「私作る人、私食べる人」であると念押ししてもよいですが、「またまた、ご謙遜(けんそん)を」と話を蒸し返されるのも面倒だし、受け流すのがいちばんよいかもしれません。その場合でも、場をつなごうとしてお礼らしきことを言ってしまうのは避けたいですね。お礼を言うと「いいお嫁さんになれるね」という言葉を受け取ったことになってしまい、結果として「女性は夫のために料理を作るもの」という前提を受け入れたことにされてしまいますから。

もちろん、妻が夫やそれ以外の人のために料理を作り、食べてもらうことそのものが悪いことだ、と言っているわけではありません。**誰かのために何かをするという行為自体が、した人にとってもされた人にとっても喜びに満ちたことである場合も当然あります**からね。ただその場合でも、それが**あくまでその女性個人の希望**であって、「料理をする女性は『嫁』にふさわしい」という考えが正しいわけではないことには注意すべきです。

▶作り置きは楽なのか、それとも大変なのか

もうひとつ、「いいお嫁さんになれるね」と言う人には、「作り置き」の苦しみをわかっていないのでは、と思うので、それについても書いておきたいと思います。

「料理上手になりたい」「平日の料理の手間を減らしたい」と思う人が何度も挑戦(ちょうせん)し、挫折(ざせつ)してきたのが作り置きではないでしょうか。私もその一人です。毎日料理を作るのはもちろん手間も時間もかかりますし、余った食材と買い足した食材を組み合わせて無限ループのように毎日作って消費していくのはかなり難しい作業でしょう。冷蔵庫の「食材テトリス」でしょっちゅうゲームオーバーをくり返して

いるのは私だけではないはずです（テトリスというゲームをご存じない人はぜひインターネットなどで調べてみてください）。

食材を一気に買って全部使って仕込み、平日は食べるだけ、という作り置きの習慣は、憧れの対象です。けれども、一食分を作るのとは比較にならない作業量、狭いキッチンと足りない調理器具に打ちのめされて作り置きから撤退する人も少なくないはずです。余った食材を鍋に放り込んで適当に甘辛く煮つける、みたいな「低空飛行型」の作り置きですら、続けることが難しい人間には難しいのです（私には無理です）。

ですから、たしかに作り置きができる人は相当の料理好き、料理上手なのだと思います。でもだからこそ、作り置きを褒めるときには慎重であってほしい、そう思うのです。作り置きは、毎日食べるものをなんとか自分で作りたい、というささやかな願いへの、解答というよりは追加課題（しかもかなり難しい）なのです。それが女性にとって（だけでなく誰にとっても）「普通」にクリアすべきことだ、あるいはクリアできるはずだ、としてしまう発言には全力で抵抗していくべき。私はそう思います。

抜け出すための考え方

妻が料理を作る側であり、夫が料理を食べる側である、という前提を押し付ける発言は、明らかに不当なものです。「自分で作って自分で食べる」だけではだめだ、と女性に思わせるような発言は性別役割分業を押し付けるものと理解して、褒め言葉であっても受け取らずにいることが重要です。

もっと知りたい関連用語

【国際婦人年をきっかけとして行動を起こす女たちの会】

「私作る人、僕食べる人」というコピーに抗議(こうぎ)したこの団体は、そのほかにも女性アナウンサーが天気予報やアシスタントばかりを担当させられることに抗議したり、家庭科の男女共修や、出席名簿(めいぼ)の男女混合などを主張したりしました。「ムキになっている」「ヒステリック」などの難癖(なんくせ)を（ときに女性からも）つけられながらも粘(ねば)り強く活動したこの団体によって、かけがえのない功績がいくつも達成されました。日本のフェミニズム史において、忘れるべきでない最重要団体のひとつです。

もっと深まる参考文献

治部れんげ，2018『炎上しない企業情報発信——ジェンダーはビジネスの新教養である』日本経済新聞出版社

シーン⑲

「一人でも生きていけそうだよね」

さあ、今日から一週間
また仕事をがんばろう！

張り切ってるね。
週末にいいことでもあった？

ソロキャンプで一泊（いっぱく）して、
帰りにワインバルで一人飲みしてきました

へえ。
なんか一人でも生きていけそうだよね

▶「身寄り規範」はウザい

「ぼっち飯（一人「ぼっち」で昼「飯」を食べること）」という言葉に象徴されるように、一人で過ごしているのは友だちの少ないかわいそうな人間であるとの感覚は、残念ながら学校などでもそれなりに浸透(しんとう)しているようです。私が勤めている大学でもそうです。昼食くらいひとりで気楽にとればよいと思うし、そもそも大学では「他人は他人、自分は自分と割り切って、自分のために自分で生活を組み立てる」訓練をしてから卒業してほしいと私は思ってしまいます。

人は誰かと一緒にいるのが普通、という決めつけ、いわば「群れ規範」を持ち続ける大人も多いようで、「ソロ活」をした女性社員に対する同僚(どうりょう)のもの言いたげな反応も、この「群れ規範」によるものと考えることができそうです。

ただ、上司の発言に隠れているのは「群れ規範」だけではないでしょう。それを明らかにするのは、「一人でも生きていけそう」の「いけそう」の部分です。ソロ活をしているのだから、そのあいだは少なくともこの女性社員は「一人で生きている」と言ってもよいように思います。にもかかわらず、「一人で生きているよね」よりも先に「一人でも生きていけそうだよね」という将来の予想が語られているのはなぜでしょう？

どうもここでは、「一人で生きている」ことに長期的、永続的な他者との関係性に関する意味が含まれているようです。つまり、単に数日を「一人で過ごす」ことは「一人で生きている」には含まれない。「恋人」「結婚相手」「家族」といった長期的な生活上の「群れ」を形成しないことが「一人で生きている」と表現されていると言えそうです。ここには**「特定の誰かとともに長く暮らし続けるべき」とする「身寄り規範」**とでも呼べそうなものがはたらいています。同僚が言いたいのは「一生独り者だろうね」との予想であり、もっと言えば「身寄り規範」を守らないことへのちょっとした非難ですらあるかもしれません。

▶「一人じゃない！」と「一人で何が悪い！」

「ああ、この人も一人ぼっちだと思われることが怖い側の人間なんだなあ」と冷めた目で見つめ返すだけでもいいかもしれませんが、何か言ってやりたい、と思うこともあるかもしれません。ただ、そのときに注意すべきことがあります。

「身寄り規範」の問題のひとつは、人が他者と結ぶ多様な関係のうち、「恋人」「結婚相手」「家族」を当然のように上位に置いていることです。つまり、人というのは友人や知人がいるだけではだめで、もっと親密な関係を他者と作らなければならない、というわけですね。でも、そういう「身寄り」がいなくとも、友人や知人と楽しく人付き合いをしながら生きていくことは可能なはずです。一人で過ごす時間があることは、いつも一人で過ごしていることを意味するわけではありません。だから、「恋人や結婚相手、家族がいなくても、私は一人じゃない！」と言いたい人もいるでしょう。「一人でも生きていけそうだよね」と言われたら、「いや、別に友だちとかがいないわけじゃないですからね」と言い返してもよい気がします。

ただ、この返し方は「身寄り規範」に対する反論にはなっていても、「群れ規範」に対する反論にはなっていません。それどころか、「群れ規範」を強化しています。「いや、別に友だちとかがいないわけじゃないですからね」が、「友だちのいない寂(さび)しい人間ってわけじゃないですからね」というアピールになってしまったら、一人ぼっちをかわいそうなこととしてしまう「群れ規範」に加担していることになってしまいそうです。

では、「一人じゃない！」と言いたい人と「一人で何が悪い！」と言いたい人は対立するしかないのでしょうか。いいえ、そんなことはありません。ルールにたまたま合致する生き方をしていることは、必ずしもそのルールを正しいと思っていたり、押し付けたりすることと同じではありません。たとえばスカートを履(は)いている女性が必ず「女性はスカートを履くべきだ」と思っているわけではありませんし、毎食白米を食べる日本人が必ず「日本人なら毎食白米を食べるべきだ」と思っているわけでもありません。恋人がいたり、結婚していたりすることは「身寄り規範」を正しいと思っていることを意味しませんし、友だちづきあいがあることは「群れ規範」を正しいと思っていることを意味しません。**「一人じゃない！」派と「一人で何が悪い！」派がともにそれぞれの生き方の中で「ソロ活」を楽しみ、「群れ規範」と「身寄り規範」のどちらからも逃れることは可能**なのです。もちろん、恋人や結婚相手、家族がいる人が「ソロ活」を楽しむことだって何の問題もありません。

では、「群れ規範」と「身寄り規範」のどちらからも逃れながら「一人でも生きていけそうだよね」に言葉を返すとしたら、どんな言葉がありうるでしょうか。万能な切り札である「余計なお世話です」か、それが喧嘩腰で言いにくい、というのであれば「それ、褒め言葉として受け取っていいですか？」と返し、「一人はかわいそう」という感覚を相手に自覚してもらい、自ら否定させてもいいかもしれません。

抜け出すための考え方

一人の時間を楽しむことに対する物言いたげな感じはウザいものですが、反論の仕方を間違えると「身寄り規範」を批判しながら「群れ規範」は強化するということになりがちです。「一人じゃない！」と「一人で何が悪い！」は同居可能だと理解し、「一人はかわいそう」という感覚を持たないよう、自分にも他人にも働きかけたいですね。

もっと知りたい関連用語

【ソロ活女子】

一人の時間を積極的に楽しむ女性のことで、エッセイストの朝井麻由美さんが『ソロ活女子のススメ』という書籍(しょせき)の中で名付けたものです。この本からは「群れ規範」「身寄り規範」のせいで二の足を踏んでしまう活動を一人でやってみることの楽しさが強く伝わってきますが、同時に、日本社会において女性は「一人で活動する」ことがずいぶんと制限されてしまっていることが垣間見(かいまみ)えたりもします。その意味でこの本は、女性が自分の意志でふるまうことをそれとなく抑(おさ)え込もうとする社会に対する、静かなプロテストの書でもあるのです。

もっと深まる参考文献

朝井麻由美, 2019『ソロ活女子のススメ』大和書房

Column 5　女の城、男の城

台所のことを「女の城」と呼んだりすることがあります。母であったり妻であったりする女性が台所に関する家事の一切の決定権を持っていて、男性には手出しをさせない、という意味合いがありそうです。

たしかに、女性（だけとはかぎりませんが）が台所での家事全般を担う家庭の場合、その場を自分が使いやすいようにセッティングしたいと思うのは当然でしょう。ただ、その女性が病気になったり急な外出をしたりして、台所での家事をほかの人がやらなければならなくなる場合もあるので、ある程度は遊びを持たせつつ、少なくとも同居しているほかの人もどこに何があるかくらいは把握していたほうがいいのではないでしょうか。「難攻不落の女の城」は、「何があっても台所仕事は女性がやるべき」とする考え方と表裏一体であると言えます。複数人で使えるようにしておくために、使い勝手のよさは多少手放す、と考えるほうがいいと私には思えます（→シーン⑬）。

もうひとつ気になるのは、じゃあ「男の城」とは何か、ということです。家の中、というか家全体をそう考えている男性が意外と多いのではないでしょうか。「男たるもの一国一城の主たるべし」なんて言ったりもしますね。だとしたらむしろ、「『女の城』は狭すぎじゃないか」と文句を言ってもいいのかもしれません。その家での生活は、そこに暮らす人たち（少なくとも大人たち）がみんなで支えています。これからは家事を代行業者に外注する家も増えていくはずなので、誰か一人のものであり、他人がそこに入ってくることを拒むものとしての「城」に家をたとえること自体がそもそもおかしなことだと、私には思えます。

第6章

"男らしさ、女らしさ"を刷り込む言葉

6

シーン⑳

「女にはわからない世界だから」

またサッカー部のOB会？
みんな仲がいいね

そりゃあれだけ濃密(のうみつ)な時間を
一緒に過ごしたんだから、仲よくもなるよ

そこまでみんなで打ち込めるものが
青春時代にあったのがうらやましいな

だろ？
ま、女にはわからない世界だからね

▶ホモソーシャルな絆(きずな)

同性同士、とくに男性同士の関係性やその特徴を指して、ホモソーシャルという形容詞（名詞の場合はホモソーシャリティ）を使うことがあります。SNS上で「ホモソ」という省略表現が使われるのを見たことがある人、あるいは実際に使っている人もいるかもしれません。

体育会系の部活やサークルは、ホモソーシャルな集団の筆頭として挙げられることが多いです。スポーツそのものが「男らしさ」を称(たた)える文化と歴史的に結びついていることなどが影響し、とくに男性のみの集団内で独特の絆が生まれます。

ここで重要なのは、この絆がどのように「独特」なものなのか、という点です。どんな集団にも独自の文化が生まれることはあり、独自であることそのものは悪いことではないでしょう。でも、とくに男性同士のホモソーシャルな絆においては、男らしさを称えることが結果として他者の害になる結果を生んでしまうことがたびたび問題になります。日本でも、同じスポーツ系サークルに所属する男子大学生が集団で女性に性的暴行をはたらく、という事件があとを絶ちません。「女性は性的欲望のはけ口として利用してかまわない」と勘違いする男性が火種になり、仲間内のほかの男性に「意気地がない＝男らしくない」と思われたくない男性が薪としてくべられて、他人を集団で傷つけるという最低の行為に至るのです。**男らしさを持っているかを相互監視する中で、他者の害になる行為が誘発されてしまう**のです。

ということで、男性だけで集団が構成されている場合には、そのメンバーにどんな男らしさが要求されていて、そのことがどんな悪影響を及ぼすかを注意深く観察し、場合によってはその男らしさを集団全体で取り除いていかなければなりません（女性もいるが圧倒的に少数で、男同士の絆が人間関係の基準になっている集団や、まったく逆に女性だけの集団でも同じ場合があります）。もともと男性はみんな悪人なのだ、と思う必要はありませんが、だからこそ、**男らしさの有害性を増幅させる装置としての「ホモソ」な絆の危険性は忘れてはならない**でしょう。

▶それは男の都合では？

さて、シーン⑳の男性が参加しているOB会では、男らしさの有害性が増幅されているでしょうか。ありえない話ではないものの、さすがにOB会の危険性を高く見積もりすぎかもしれません。でも、この男性の発言には、「ホモソ」な絆の問題が、また別のかたちで表れているように見えます。「女にはわからない世界」という言葉について考えてみましょう。

「濃密な時間を一緒に過ご」すと絆が生まれること自体は、性別に関係なくたいていの人が十分想像できます。でもその濃密な時間のディテールまではわからないだろう、という意味だとしても、話し相手の性別に言及する必要はありません。だとすると、可能性は少なくともふたつあります。

ひとつは、「濃密な時間」の過ごし方の中に、なんらかの意味で女性に知られたくない要素が含まれる可能性です。たとえば、好きな女性のことについてあけすけに話していることを女性に知られたくない、などはありそうです。その話の中には、女性を対等な社会の構成員とはみなさないといった、悪しき男の勘違いが含まれている場合もあるでしょう。集団の中にゲイやバイセクシュアルの人がいることを想定していない、または見下すようなコミュニケーションがなされている、という問題もありそうです。

もうひとつは、男しかいない集団であることに実際のところ大した意味はなく、男だけの集団であるにもかかわらず「男らしさの長所」をその集団が持っていないことを隠したくて「男にしかわからない」要素があるとうそぶいているだけ、という可能性です。気を許せる仲間と他愛もない話しかしていないこと（そもそもそんなふうに卑下する必要もないのですが）は、「男たちは当然価値ある言動をしているはずだ」という妙なプライドがある男性にとっては、バレたくないことでしょう。だからこそ、別に知ったところでうらやましくもないようなやりとりが「女にはわからない世界」として隠されるのです。

おそらく、このふたつの可能性ははっきり分けられません。「好きな女性についてのストレートな言及」は、女性を「モノ」のように扱う文化からも生まれますし、同時に、自分でも隠しておきたいと思うような「男にふさわしくない」下品な言動だと思われることもあるでしょう。

そして、どちらにしても問題なのは、**男同士のやりとりの中身を知られたくないという男性側の都合を、「女性にはわからない」、つまり女性の側の能力や適性のなさのせいだとして隠そうとしている**点です。いちいち女性を格下げしないと男同士の絆について語れないなら、そんな絆なんて何の価値もない、と言いたくなります。

「女にはわからない」と言われたら、「わかられると何か困ることでも？」くらい言い返してやってもよいかもしれません。

抜け出すための考え方

男性だけの集団では、男らしさの相互監視が起こり、他者を害する行為につながることがあります。また、男性同士の関係性の内実について隠しておきたい欲望を、「女にはわからない」という発言によって女性の能力や適性のなさのせいにする男性もいます。それらが男性の側の都合であることに気づくことで、やんわりとした見下しの態度から逃れましょう。

もっと知りたい関連用語

【ホモソーシャル／ホモソーシャリティ】

研究者によってこの語の定義は異なりますが、英文学者のイヴ・K・セジウィックの用法が一般的なものとして議論されることが多いです。セジウィックは、性愛の対象たる女性を「自分のもの」にするという目標の共有によって結ばれる異性愛男性同士の親密な絆は、同性愛と誤解されないために同性愛差別を伴う、と指摘しました。このように、同性愛差別と女性差別が分かちがたいかたちで結びついていることが、この語の特徴としてたびたび語られます。

もっと深まる参考文献

イヴ・K・セジウィック著，上田早苗・亀澤美由紀訳，2001『男同士の絆――イギリス文学とホモソーシャルな欲望』名古屋大学出版会

シーン㉑

「男には支えなきゃいけない家族がいるからね」

今日も残業？
最近あんまり休めてないんじゃない？

営業成績をキープしないと、
次の査定に響(ひび)くからさ

私はそこまでがんばれないなあ。
仕事も大事だけど、
自分の健康のほうが大事だよ

男には支えなきゃいけない
家族がいるからね

▶「家族のため」は動機になる

男女共働きの世帯が増えてきたとはいえ、夫が賃労働、妻が家事労働という役割分担の家庭は、2021年現在、458万世帯あります。共働き世帯1177万世帯に比べれば少ないように思えますが、このうち妻もフルタイムで働いている世帯は486万世帯で、妻がパートタイマーである691万世帯に比べると少ないです（令和4年版男女共同参画白書より）。ということで、生活費を稼ぐという点では、夫に重い責任が課されている家庭は少なくないようです。

とはいえ、賃労働だけが家族を「支える」営みだ、というのは事実誤認です。家族が生活していくためには、その生活環境を整える仕事、つまり家事労働が必要です（シーン⑬）。賃労働と家事労働がともに「労働」と名付けられていることの意味を忘れてはいけません。ですから、「男には支えなきゃいけない家族がいる」が賃労働に関して重い責任を負う男性の自負から生まれたものであったとしても、**「男だけが家族を支えている」という感覚がその背後にあるのなら、そのおごりを批判されて当然**でしょう。

ここで気をつけてほしいのは、賃労働について重い責任を負う男性の自負そのものを否定する必要はないし、否定すべきでもないという点です。自分一人のためにはがんばれなくても、誰かのためにならがんばれる、ということはあるでしょうし、そのような気持ちは（独りよがりでないかぎりは）尊いと思います。その「誰か」が家族であってはいけないという理由もないでしょう。自分のためには手の込んだ料理なんか作らないけれど、誰かがおいしく食べてくれるなら料理もがんばれる、という専業主婦の自負を否定する必要はありません。同じように、稼ぎ手の自負それ自体を否定する必要はないはずです。

むしろ、その自負や責任感が真摯なものであるからこそ、稼ぎ手としての男性が苦しむことがあります。これまたよく知られた事実ですが、日本における年間の男性自殺者数は、女性自殺者数の約２倍です。その動機は複合的なものですが、女性に比べて男性は「経済・生活問題」「勤務問題」が動機の要素と考えられる自殺が圧倒的に多く、このことからも稼ぎ手としての重責が自殺に大きく関わっていることがわかります（厚生労働省自殺対策推進室・警察庁生活安全局生活安全企画課「令和３年中における自殺の状況」）。

シーン㉑で、男性社員の健康を気遣っている女性社員も、このことになんとなく気づいているのかもしれません。**男性が稼ぎ手としての責任を果たそうとして健康を害するほど働き過ぎてしまうことは、決してよいことではありませ**

ん。女性社員は、自分の考えを持ち出しながら、がんばりすぎてしまう男性社員に休むよう提案しているように思えます。

女性の生き方に飛び火した！

だから、シーン㉑は、「男らしさ」に押しつぶされている男性を女性が気遣う話であり、ここでの男性は「男らしさ」の犠牲者なのです。……ではあるけれど、どうやらそれだけでもないように感じます。「男には支えなきゃいけない家族がいるからね」という発言には、単なる自負心の吐露以上の何かが含まれていないでしょうか。そして、その何かが、女性をおとしめてはいないでしょうか。

先にも触れたように、賃労働や家事労働によって家族生活は支えられています。だから、家族を支えているのは「稼ぎ手たる男性」だけではありません。にもかかわらず、「男には支えなきゃいけない家族がいるからね」という言葉が口をついて出るとしたら、やっぱり女性がおもに担うことになっている家事労働は家族を支える営みのうちに入らない、とどこかで思っているのではないでしょうか。だとしたら、それは男性のおごりでしかないでしょう。

もうひとつの可能性もあります。この女性社員もまた、当然賃労働をしています。その賃労働で家族を経済的に支えている可能性だってあるでしょう。にもかかわらず、男性の労働だけに「家族を支える」という理由の尊さを結びつけるとしたら、どこかで働く女性のことを見下していないでしょうか。たとえば「女性は男性と比べて家族に関する経済的な責任が軽いに違いない」とか、「どうせ男性に比べて女性は大して稼げないから」などと思っているのかもしれません。

どちらの場合にも、男性社員の自負心のせいで、その健康を気遣った女性社員に飛び火し、なぜか自分の価値を下げられてしまっています。「恩を仇(あだ)で返された」と言ってもいいでしょう。

自負心を原動力にしてがんばるのならともかく、他人を見下すことで自負心を高めるのは褒められたものではありません。「家族に支えてもらいながら自分を労わったら？」というようなアドバイスをして、「男だけが家族を支えている」という認識をやんわりと正しておきたいですね。

抜け出すための考え方

「家族を支える」ことに対する自負が男性を追い詰めて犠牲者にすることがありますが、だからといって、女性を見下すことで男性が自負心を高めることが正当化されるわけではありません。性別に関係なく、人に頼(たよ)ること、自分を労わることができるよう、役割分担と結びついたプライドを手放す必要があるでしょう。

もっと知りたい関連用語

【ワーク・ライフ・バランス】

内閣府男女共同参画局によるいちばんわかりやすい説明は「仕事と生活の調和」です。誰もが自分なりに労働、家事や育児、地域生活にバランスよく参加できている状態のことです。女性が結婚・出産を経ても働き続けられること、男性が賃労働のみに追われることなく家庭生活でも責任を果たせるようになること、などがワーク・ライフ・バランスの実現には必要で、日本では男女共同参画社会基本法などによってその達成が目指されています。

もっと深まる参考文献

小島慶子, 2014『大黒柱マザー――夫が仕事をやめたから一家で海外に引っ越してみた！』双葉社

シーン㉒

「男は度胸、女は愛嬌でしょ」

プレゼンが苦手なんだけど、
今度の社内コンペ、挑戦してみようかな

他人と競争することになるよ。
恨みを買うかもしれないし、
やめておいたら？

揉めている人の
仲介をさせられるよりは
自分が揉めるほうがまだマシ

そこは役割分担なんじゃない？
揉めるのは男だけで十分。
男は度胸、女は愛嬌でしょ

▶なければならない／それさえあればいい

「男は度胸、女は愛嬌」という慣用句は、性別によって備えているべき性質を表す慣用句として説明されます。でも、この言葉が日常で使われるときには、「なければならない」以外の含みがあることも多いように思います。たとえば、ぶっきらぼうな男性を擁護しようとして「男は度胸だから」と言ったり、なかなか決断に踏み切れない女性をなぐさめようとして「女は愛嬌だから」と言ったりすることもあるでしょう。この場合、男性には愛嬌が、女性には度胸がなくてもかまわない、と言われているわけですね。裏を返せば、男性にとっての度胸、女性にとっての愛嬌は「それさえあればいい」長所、ということになるでしょう。

こう考えると、「男は度胸、女は愛嬌」という言葉が使われる状況には、そう言いたい気持ちの中に理解できる部分があるからこそじつは面倒だ、と言えそうです。度胸や愛嬌が個々人の長所ということなら、とうぜん度胸も愛嬌も両方あるのがいちばんいいわけです。でも、誰もが両方を兼(か)ね備えているわけではありません。そのとき、それでもかまわないと言ってあげることで相手を楽にしてあげることはできるでしょう。だからこそ、愛嬌はないけど度胸はある男性、度胸はないけど愛嬌のある女性には、「男は度胸、女は愛嬌」はなぐさめや救いの言葉になるわけです。

ところが、この表現は「なければならない」というニュアンスを含んでいるので、度胸がない男性や愛嬌がない女性は、ほかに長所があったとしても男性としてあるいは女性として劣っている、という否定的な評価を受けることになってしまいます。**「人の長所はひとつだけではない」というのがもっともな指摘でも、性別と結びつけられた長所なら持っているから問題ない、という意味で考えられてしまうと、かえって人それぞれの生き方を否定する影響を持ってしまう**のです。

▶女性に度胸があっては困る

では、シーン㉓の男性は、度胸に欠ける友人の女性を「女性は愛嬌さえあればいい」と励ましているのでしょうか。いいえ、そんなことはないでしょう。社内コンペに挑戦しようとする女性に対し、やんわりとやめさせようとしているだけです。女性がコンペでよい結果を出したら嫌だ、という個人的なライバル意識があるのかもしれないし、「女が男より結果を出すなんてあってはならない」というような女性を見下す考えがあるのかもしれません。「男は度胸、女は愛嬌」という言葉を持ち出すところからすると、この男性社員は「男らしさ」「女らしさ」を重視しているようなので、女性を見下す考えの持ち主である、という後者の予想が正しいのではと私には思えます（もちろん、個人的なライバル意識だけが動機だとしても、性別を理由にして相手にコンペへの参加をやめさせようとしている点では女性差別でしかないのですが）。

ここで考えたいのは、相手にある行為をさせないために「男は度胸、女は愛嬌」という言葉を持ち出してしまうことの効果です。社内コンペへの挑戦は、度胸のある行為と言っていいでしょう。ですから、女性社員が実際には社内コンペに参加しなかった場合、「度胸がなかった」ということになるわけです。友人男性の都合や偏見（へんけん）によって女性が挑戦の機会から遠ざけられ、その長所までも否定されなければならないのは、不当です。

それだけではありません。度胸のいる行為を女性がすることを「男は度胸、女は愛嬌」と言ってやめさせてもかまわないと思う人は、「女性は度胸を持つべきではない」とすら考えているかもしれません。「男性は度胸を持っているべきだが、女性はどちらでもかまわない」と思っているなら、「男は度胸、女は愛嬌」はそもそも女性に度胸のいる行為をやめさせる理由にはならないからです。

「男は度胸、女は愛嬌」に隠れた面倒な性質はここにあると私は考えています。つまり、**「男なら愛嬌を持つな、女なら度胸を持つな」という命令としてはたらく場合がある**ということなのです。

その理由はさまざまですが、こんな理由が考えられます。大して度胸のない男性がそれでも自分の度胸を自負するためには、自分以下の存在が必要です。もっとも手っ取り早いのは、度胸を男性が独占して「女よりは度胸がある」と自分を納得させることでしょう。このような男性は、女性に度胸があると困るのです。もちろん逆に、不愛想な女性が、それでも自分は男性よりマシ、と思いたい場合もあるでしょう。

「男は度胸、女は愛嬌」は、異なる長所をそれぞれの性別に重ねることで、自分のために他人の価値を下げることにも使えてしまうのです。

人の長所は性別ではなく、個人のものとして評価すべきでしょう。社内コンペに出ようと思っている友人の度胸を認め、素直に応援してあげればいいだけではないでしょうか。「愛嬌」に期待して「揉めている人の仲介をさせる」役割を女性に押し付けている場合ではありません。

抜け出すための考え方

性別によって違う長所を割り振る考え方はルールとしてはたらき、割り振られた長所を持たない人を苦しめます。また、割り振られた長所を持っていることにするために、異性に対してその長所を持たないことを求めてしまうのにも問題があります。長所は個人のものとして評価すべきです。

もっと知りたい関連用語

【男女特性論／異質平等論】

男性には男性の、女性には女性の長所がある、という考え方を男女特性論（性別特性論とも）と呼びます。男女は違う特質を（必ず）持っているけれど平等である、という考え方を異質平等論と呼びます。どちらも一見すると男女双方(そうほう)のあり方を尊重しているように思えますが、性別によって個々の男性や女性の特徴を決めつけ、その生き方を制限するものです。ですから、こうした議論は性別を理由にした差別や抑圧に反対する立場とは相容れないものだということを、多くの研究者や社会運動家が指摘しています。

もっと深まる参考文献

ユン・ウンジュ著，イ・ヘジョン絵，すんみ訳，2021『女の子だから、男の子だからをなくす本』エトセトラブックス

シーン㉓

「女の子はピンク、男の子は青」

妹に子どもが生まれたんだけど、
プレゼントは何にしようかな

タオルとかくつ下とかでいいんじゃない？
それかおもちゃとか？

そうだね……
身につけるものなら何色がいいかなあ

女の子はピンク、
男の子は青が無難じゃないの？

▶「相手に合わせて」は難しい

私は出産祝いに、ちょっと高価なタオルを贈ることに決めているのですが、喜んでもらえているのか不安もあるので、学生を通じて保護者の方々に、「出産祝いにタオルをもらうのはうれしいものなのか」と聞いてみてもらったことがあります。いくらあっても困らないからよい、などほぼ肯定的な意見が寄せられましたが、中には「たくさんあるからじゃま」とおっしゃる保護者もいらっしゃいました。相手の状況に左右されない、一律に喜ばれるプレゼントというのはなかなかないようですね。

贈り物はやっぱり相手に合わせて選びたいと思い、赤ちゃんが着るものやおもちゃなどを贈ろうとしたとしても、まだ赤ちゃん自身に好みや希望はなく、もしあったとしてもそれを言語化できません。そこで私たちの多くはこう考えてしまいがちです。相手の性別に合わせて選べばいいのだ、と。たしかに、赤ちゃんについての情報の中で名前の次か同じくらいに共有されやすいのが性別です。ご丁寧にも出生時に（あるいはそれ以前に）医師や看護師、助産師が割り当ててくれます（→シーン⑫）。たいへん都合のよいことに、性別ごとに喜ばれるとされる贈り物がある、とされていますから、性別がわかっていれば「相手に合わせた」贈り物、という条件が満たせそうです。ということで、男の子にはたとえば乗り物のおもちゃ、女の子にはたとえば人形でもプレゼントしておけばよさそうです。

……というかたちで贈り物をすることは当然「男らしさ」「女らしさ」の刷り込みにつながりますが、その話はもう少し後ですることにして、ここではこんなことを考えてみましょう。

そもそも、赤ちゃんにはまだ乗り物や人形すら理解が難しいでしょう。それなら赤ちゃん向けの、つまり「男らしく」も「女らしく」もない贈り物に、「性別に合わせた」感じを込めることはできないでしょうか。はい、そこで「色」が出てきます。男の子には青や緑、女の子には赤やピンクのものを選べば、「性別に合わせた」感じが出せそうです。

ここに、「男らしさ」「女らしさ」の刷り込みの根強さが隠れています。乗り物のおもちゃや人形など、贈り物の実質的な中身にだけ「男らしさ」「女らしさ」が結びつけられるのであれば、贈り物の大半は「男らしく」も「女らしく」もないものになり、刷り込みがそれほど強くはなくなるはずです。でも、**中身がどんなものであっても色をつけることはできるので、特定の色が「男らしさ」「女らしさ」と結びつけられると、その影響力は段違い(だんちが)い**になります。極端な話、中身そのものは性別に結びついていないものも含め、色を揃えることで赤ちゃんの身の回りのものをすべて「男の子らしい」「女の子らしい」ものにすることすら可能なのです。おむつやタオル、ベビーベッドやスタイ（よだれかけ）、スリング（布状の抱っこひも）まで、ありとあらゆるものが「男らしさ」「女らしさ」の刷り込みの道具になりうるのです。

▶色の手強さと手抜き

色のこうした手強さは、むしろ「相手に合わせて」選ぶことに手を抜いて成立させようとするときに威力が発揮されます。シーン㉓の「女の子はピンク、男の子は青が無難じゃないの？」という発言は、真剣にプレゼントと向き合ったうえでの言葉とは思えません。**「相手に合わせて」贈り物を選ぶ、という行為を、もっとも雑に済ませるやり方が「性別に合わせた色のものを選ぶ」なのです**。

みんなが「性別に合わせた色のものを選ぶ」ことに積極的に取り組まないと「男らしさ」「女らしさ」の刷り込みが不可能であるなら、そもそも刷り込まれることはないでしょう。でも、色の選択のように、惰性でも刷り込みが続けられるからこそ、「男らしさ」「女らしさ」は根強く、厄介なものになってしまうわけです。

ではどうしたらよいでしょうか。もちろん、贈り物の実質的な中身について、赤ちゃん本人の好みがわかればそれに合わせればよいですよね。電車のおもちゃが好きな子には電車のおもちゃが、人形が好きな子には人形が最適です。でもそれができないのであれば、タオルや身につけるものにするか、**いっそのこと保護者を労う意味で、「赤ちゃんを育てる大人」向けのプレゼントにしてしまう手もある**かもしれません。どんなおもちゃを買い与えるかなどは、保護者にもそれぞれの子育ての方針があるでしょうから、それを尊重するためにもよいアイデアだと思います。

とはいっても、子どもを「男らしく」「女らしく」育てたいという保護者がいた場合、その意向に沿って「男らしい」「女らしい」とされるプレゼントをあげるべきかは考えものですね。「男らしさ」「女らしさ」の押し付けは個人の生き方を制限しますから、性別と結びつかない白や黄色、クリーム色などの、性別に結びつかないおもちゃや乳幼児向けの日用品をプレゼントしてもよいと思います。さすがに、「男らしくも女らしくもないものを贈るなんて許せない！」と怒る保護者はそうそういないと思いますから。

抜け出すための考え方

たいていのものには色をつけることが可能なので、色は「男らしさ」「女らしさ」を刷り込む安易な、だからこそ強力な手段になってしまいます。プレゼントを贈ることによってその刷り込みに参加しないよう、相手の好みに合わせるか、あるいは「ニュートラル」な色を選ぶなど、できる範囲で気を遣いたいものです。

もっと知りたい関連用語

【ダサピンク】

女性向けの商品はとりあえずピンク色にしておけばいいだろう、という安易な商品開発戦略を批判するため、おもにSNS上で使われるようになった言葉で、ピンク色そのものをダサいと評価するものではありません。男性向けの商品には「ダサメントール」という言葉もあるようです。私は男性ですが、メントール配合の製品が苦手なので、「スースーさせておけば男は喜ぶ」という発想には強く抵抗したいですね。

もっと深まる参考文献

カイル・マイヤーズ著, 上田勢子訳, 2022『ピンクとブルーに分けない育児——ジェンダー・クリエイティブな子育ての記録』明石書店

Column 6　更年期障害じゃない?

ちょっと怒ったり、きつい言葉を使ったりするとすぐ「更年期障害じゃない?」とからかわれたら、怒りも増すというものです。どんなに正当な怒りも、更年期障害を理由にされたら、その正当性が失われてしまいます。相手の言葉を受け止めない理由を相手に押し付けて正当化する、卑怯な言葉だと思います。

ここで、実際に更年期障害に悩んでいる人が、「イライラしてしまうのはたしかに私の側の事情なのだから、『更年期障害じゃない?』と言われるのも仕方がない」と考えているとしたら、そう思う必要はないですよ、と私は伝えたいのです。

更年期障害によって言葉がささくれ立ったり八つ当たりをしてしまったりするということはあるでしょう。そのことをわかっている周囲の人が「相手の言葉を正面から受け止めすぎない」ことが必要であり、それがかえって更年期障害に悩んでいる人に対するやさしさになる場合もあるはずです。だとしても、そのことを「更年期障害じゃない?」とその場で相手に伝える必要はないのではないでしょうか。「あなたの言動を受け止める必要はない」という意味を含んだ発言が、更年期障害に悩む人を支えるものになることはないからです。

正当な怒りはその場できちんと受け止める。理不尽に思えたら受け流し、相手が落ち着いた頃を見計らって相手の心と身体を案じていることを伝える。更年期障害はそうやってみんなで乗り切っていくべき困難なのだと思います。

第7章

"あなたも悪い"で突き放す言葉

7

シーン㉔

「そんな恰好してるのもいけないんじゃない？」

会社員時代の先輩がひさしぶりに痴漢にあったんだって。もう40歳なのにって凹んでた

ずいぶん若く見える人なの？

そうでもないかな。ひさしぶりにミニスカート履いてたからかも、とは言ってた

そんな恰好してるのもいけないんじゃない？

▶二次被害は突然やってくる

痴漢などの性暴力で頻繁に問題となるのが、**二次被害**です。性暴力そのものも十分に辛い体験ですが、その後に関わる警官や弁護士、友人知人の言動によってさらに傷つけられるということがあります。被害の状況を必要な配慮もせず細部まで当人に語らせようとする、それほどひどい経験ではなかったとみなして傷ついた被害者自身のリアリティを否定する、などがあります。

たとえば、「痴漢にあったってことは、若いって思われたってことだよ、よかったね」ということも、痴漢の被害を軽視することで二次被害を発生させています。

また、たしかに痴漢の被害者の多くは10～20代の女性ですが、30代以上や、女性以外の被害者も存在します。

ちなみに令和３年版の犯罪白書によると、強制わいせつ罪の被害者の約4%が男性で、女性被害者に占める30代以上の割合は約20%です（痴漢と強制わいせつは重なるものの基本的には別の概念なので、痴漢について正確に考えるためにはしっかりと設計された統計調査がさらに必要ですが）。

忘れてはならない二次被害のもうひとつのパターンが、「被害者の側にも落ち度があった」として被害者のほうが非難されてしまうものです。心理学の分野で**「犠牲者非難」**と呼ばれ、どのようなメカニズムでこのようなきわめて問題のある難癖が生まれてしまうのかについての研究も蓄積されています。

犠牲者非難が間違っていることを念のために確認しておきましょう。加害行為の責任は加害者が負うのが近代の刑法における基本原則であり、情状酌量による減刑があったとしても、それは加害者の責任を減ずるものであって、それを被害者に分け持たせるものではありません。また情状酌量で考慮される事情には、加害者本人の状況や態度、あるいは加害者と被害者の関係性がありますが、被害者が加害者の犯行に及ぶ動機に気を配らなかったことが考慮されるわけはありません。

おいしい料理を出す飲食店での無銭飲食なら、そうでない店でするよりも責任が軽くなるというわけではないし、店の側にも落ち度があった、ということにもなりません。住人が窓を開けたまま外出している家に空き巣に入ったとしても、窓が閉められている部屋に空き巣に入るより責任が軽くなるわけではないし、住人に落ち度があったことにもなりません。痴漢も当然ながら同じです。被害者の服装や容姿が被害者の落ち度には決してなりえないのです。

もちろん、「そんな恰好してるのもいけないんじゃない？」と誰かが言ったとして、痴漢にあった女性が責任をとらなければならなくなるわけではありません。裁判官でもなんでもなく、**自らの発言に責任をとる必要がないからこそ、むしろ気軽に犠牲者非難の言葉を口にしてしまえる**のです。でも、そんな無責任な発言だからこそ、抗議の声が真剣に受け止められたり正しく修正されたりせずに独り歩きして、心ない人間に「痴漢ぐらいしてもいいのでは」と考える口実を与えてしまうものです。「そう考える人が多ければ、そりゃ痴漢も減らないよね……」と言って、これみよがしにため息のひとつでもついてやったらよいのでは、と私は思います。

▶自衛は必要なのか？

被害者にも落ち度がある、という口実で痴漢がおこなわれる場合がある、あるいは被害者が非難される場合がある、という悲しい現実を前にして、とくに女性やノンバイナリー（男性でも女性でもない性別を生きる人）の人たちが考えざるをえなくなる問題があります。「自衛」するか、という問題です。痴漢にあわずに済むように素肌（すはだ）をあまり露出（ろしゅつ）しないとか、混雑する時間帯に公共交通機関を使わない、女性専用車両に乗るなど、たしかに痴漢の被害を避けるためにできることはたくさんありそうです。であれば、それをしなければだめなのでしょうか？

答えはもちろん、「いいえ」です。**各自が自発的に「自衛」を選択するのを止める必要はないですが、「自衛」しなければだめだ、というかたちで被害の対象となる側が負担を必ず負うことになるとしたら、それはおかしい**です。

とはいえ、「痴漢の被害者に落ち度はない」「女性やノンバイナリーだからといって、痴漢に対して『自衛』をする必要はない」という認識は、「自衛」する側だけが持っていても無意味です。それでは「自衛」せざるをえない側を痴漢にあうリスクに晒し続けることにしかならないからです。「自衛」をする必要がない側、とくに（多くの場合）男性が、これらの主張をきちんと理解しておくべきでしょう。

まさに「自衛」をする必要がない側の人間として生きている男性の私としては、そのことを忘れないでいたいと思います（そして、ここに書いた内容を男性に理解してもらうために努力をし続けます）。

抜け出すための考え方

性暴力はたびたび二次被害を伴いますが、「被害者に落ち度があった」という犠牲者非難にさらされることもそのひとつです。性暴力の被害者に落ち度はありません。したがって性暴力にあわないように「自衛」をしなければだめなわけでもありません。そのことを、「自衛」をする必要がない側の人間こそ、よく理解しておくべきです。

もっと知りたい関連用語

【スラット・シェイミング (slut shaming)】

「女性とはこうあるべき」というイメージから外れる女性を、恥(は)ずかしい存在として非難する (shaming) ことを指します。スラットには「ふしだらな女」という意味があります。痴漢の被害者に対する「派手な服を着ていたお前が悪い」といった犠牲者非難もその一種です。言うまでもなく、スラット・シェイミングはとうてい許されるものではありません。

もっと深まる参考文献

小川たまか, 2022『告発と呼ばれるものの周辺で』亜紀書房

シーン㉕

「嫌(いや)なら嫌って言えばよかったのに」

昨日はじめて
緊急避妊薬(きんきゅうひにん)使うことになって、
本当に自己嫌悪だよ……

え、まさか避妊具なしで
彼氏とセックスしちゃったの？

だって持ってないって言うし、
断れる雰囲気でもなくて……

そんなのだめだって。
嫌なら嫌って言えばよかったのに

▶誰が罪悪感を感じるべきなのか?

避妊具をつけずに性行為をおこなうことを強要する、という性暴力が存在します。妊娠の可能性がない加害者が、自身の快楽や支配欲を優先して被害者に健康被害のリスクまでも押し付ける、きわめて卑劣(ひれつ)な暴力です。中には、コンドームをつけて性行為をおこなっているように見せかけて、射精の瞬間にこっそり相手にわからないよう外したり、穴を開けたコンドームを装着して性行為をおこなったりする人もいるようです。本当に許しがたいことです。

基本的なことを確認しておきましょう。妊娠の可能性がある性行為をした場合にできる対処として、緊急避妊薬の投与(とうよ)があります。緊急避妊薬(ピルとも呼ばれます)は飲み薬で、行為後72時間以内に飲むと避妊の効果があります。ただし避妊効果は8割程度ですので、過信は禁物です。医師の処方によって投与が可能で、保険は適用されません。厚生労働省ホームページで「緊急避妊」と検索(けんさく)すると、「緊急避妊薬に係る診療(しんりょう)が可能な産婦人科医療機関一覧」を確認することができます。妊娠の可能性がある性行為を強いられた場合には、性犯罪・性暴力被害者のためのワンストップ支援(しえん)センター(電話番号は日本全国共通で #8891)に連絡してみてもよいと思います。

さて、望まない性行為によって緊急避妊薬を投与する、という経験は、性暴力の被害者にとってとてもつらいことでもあるでしょう。ただつらいだけでなく、なぜ断れなかったのかと被害者である自分自身を責めてしまうこともあるかもしれません。シーン㉕でも、被害者の女性が「自己嫌悪」を感じています。

言うまでもなく、性暴力で悪いのは加害者です。ですから、被害者が自分を責める必要はありません。でも、シーン㉕では、結果的に被害者が責められていないでしょうか。たしかに、妊娠を二人で望んだわけでもないのに避妊具なしで性行為をするようなことがあっては「だめ」でしょう。でも、「嫌なら嫌って言えばよかったのに」と言ってしまっては、強要した側が「だめ」というよりも、「嫌」と言わなかった側が「だめ」なのだと責められているようです。

もちろん、被害女性の相談に乗っている女性は、おそらく予想外の相談にとまどって、とっさに自分が被害者に「どうあってほしかったか」をぶつけてしまっただけなのだと思います。でも、暴力に深く傷ついている人にとってそれは、「そうすべきなのにしなかった」という非難でしかありません。ここは落ち着いて「それは大変だったね」と伝え、それから二人でできることを考えていけるとよいと思うのです。

▶「あなたは悪くない」を、何度でも

内閣府男女共同参画局ホームページ内の「性犯罪・性暴力とは」のページには、被害者の身近な人ができることと気をつけるべきことが説明されています。「自分の動揺した気持ちをそのまま被害者にぶつけない」「被害者の落ち度を責めない」ことなどにくわえて、**「『あなたは悪くない』と繰り返し伝えてください」**とあります。ここに「繰り返し」と書いてあることの意味を、最後にぜひ考えてみたいと思います。

なぜ、繰り返し「あなたは悪くない」と伝えるべきなのか。それは、被害者が繰り返し自分を責めてしまうからです。身近な人間は、そのたびにいわれのない罪悪感を取り除く手伝いをしてあげるべきだと、私も思います。責められるべきは加害者です。性暴力が、恐怖や怯えの感情を利用して被害者の自由な意志をあらかじめ封じたうえで行使されやすい、ということも言っておくべきでしょう。

でも、性暴力をはたらいたのは加害者であって被害者ではないのだから、被害者に「あなたは悪くない」と伝えるべきだ、とだけ考えていると、じつは肝心なときに「あなたは悪くない」を言わない可能性がある、と私は考えます。たとえば、被害にあってから72時間以上経ってから相談

を受け、緊急避妊薬を飲んでいないと聞いたら、「性暴力において悪いのは加害者だ」と理解していても、「なんでピルを飲まなかったのか」と被害者に言ってしまうかもしれません。ピルを飲むか飲まないかは被害者自身が決めることで、加害者が決めることではないからです。

性被害から回復するプロセスの主人公は被害者自身であり、そのプロセスは、加害者でなく被害者自身が自分のために必要なことをできるようになっていく過程です。だからこそ、どの段階でも被害者自身が「私はそれをすべきなのにどうしてもできない」と感じてしまう可能性があります。そのとき、「被害にあったのはあなたのせいではないけれど、それができないのはもうあなた自身のせいだ」と言ってしまったら、回復のプロセスをじゃましているだけです。**「あなたは悪くない」と繰り返し伝えるべきなのは、自分を責めている被害者の認識を改めさせなければいけないからではなく**（だとしたらそれも、「正しく認識していない」という被害者の落ち度を責めていることになってしまいます）、**何かをできたりできなかったりするそのままのあなたが、ほかでもないあなた自身の人生の主人公としてきちんと尊重されているよ、と伝えることで、その回復を支えることができるから**なのです。

抜け出すための考え方

性暴力の被害者にも落ち度があったと考えるのは大きな間違いであり、あくまで責められるべきは加害者です。だから「あなたは悪くない」と被害者にくり返し伝えることがとても重要ですが、被害者の認識を改めさせることが目的ではありません。被害者を被害者自身の人生の主人公として尊重し続けることで、回復のプロセスを支えることが目的です。

もっと知りたい関連用語

【近親者間暴力 (intimate partner violence)】

日本では家族、とくに配偶者やそれに類する相手からの暴力をDV、恋人からの暴力をデートDVと呼んできましたが、両者の境界は明確なものではないですし、恋人からの暴力は必ずしもデートのときにだけ起こるわけでもないので、現在ではこれらすべてを近親者間暴力 (IPV) と呼ぶことも増えてきています。

もっと深まる参考文献

伊藤詩織 , 2017『Black Box』文藝春秋

シーン㉖

「なんでもかんでも セクハラって言われてもね」

課長、
転職組の社員によく話しかけてますよね？

いや、結婚しているか聞いただけで
嫌な顔をされてから、
むしろ距離(きょり)を保ってるよ

職場の雰囲気を探っているって
ことなんじゃないですか？

そんな調べればわかることまで、
なんでもかんでもセクハラって言われてもね

▶結婚しているどうか聞いたらセクハラ?

シーン⑰ですでに触れたように、男女雇用機会均等法において、**セクシュアルハラスメントとは、性的な言動によって労働者に就業条件に関する不利益を与えたり、その就業環境を害したりすることを指します。そしてこの「性的な言動」の中には、性的な事実関係をたずねることも含まれます**。というわけで、恋人がいるかどうか、結婚しているかどうかを聞くことも、セクシュアルハラスメントになりえます。

ただし、恋人がいるかどうか、結婚しているかどうかを聞けば必ずセクハラになるというわけでもありません。たとえば、結婚している人から「家庭優先だから責任ある仕事は任せられないな」とばかりに出世のチャンスを奪ったり、ある社員に恋人がいないことをからかったりすれば、それはまぎれもなくセクハラです。ですから、そんな空気がまん延する職場環境では、性的な事実関係についての質問そのものが、労働者が安心して働ける環境を害するのでセクハラととらえられることになるでしょう。

逆に、結婚していようがいまいが恋人がいようがいまいが、そのことが不利益になったり、嫌な思いをしたりしないだろうと思える環境であれば、結婚や恋人に関する質問をしたからといって即座にセクハラにはならないでしょう（もちろん、答えを強要すればセクハラになると思いますが）。聞かれなくても本人が自分から話す、という場合もあると思います。

入社してきたばかりの社員は、職務そのものを覚えながら、そうした職場の雰囲気を探っているものではないでしょうか。ほかの人たちは自身のプライベートな情報をどのくらいオープンにしているのか。自分はどのくらいまでにしたら気持ちよく働けるのか。シーン㉖で課長に話しかけた社員も、転職してきたばかりの女性社員が今はその段階にあると推測しているようにも見えます。

とはいえ、その女性社員の中では、もう結論が出ていそうです。まだ探っている段階であれば、「嫌な顔」はしないのではないでしょうか。「この職場では自身のプライベートには立ち入らせない」と決めたのかもしれないし、上司にセクハラのにおいを嗅ぎとってあらかじめきっぱりとした態度をとっておくべきだと判断したのかもしれません。いずれにしても、女性であり部下でありながらも、上司に対してとるべき態度を毅然としてとっていますから、立派です。結果として課長から気安く質問されない関係性を作ったわけですから、ひとまず作戦は成功、といったところでしょうか。課長に話しかけた社員も、その女性社員の狙いを十分にわかっていて、これ以上課長に余計な詮索をさせないよう、やんわりと助言していたのかもしれません。

▶調べればわかる＝公然の事実?

じっさい、この課長には思慮に欠けるところがあるように思えます。**「結婚しているか聞くだけ」という表現は、女性が労働と結婚に関して抱える悩みについて、あまりに思慮が足りていません**。これから結婚する女性なら、公表したら退職を勧められないか、結婚している女性なら、「夫の稼ぎがあるだろう」と真っ先にリストラされたりしないだろうか、結婚していない女性なら、陰で「お局さま」扱いされてうとまれていないだろうかなど、結婚をめぐる立場によって職場での立ち位置も変わらざるをえない状況を、なんとか切り抜けながら働いている女性は少なくありません（もちろん男性やノンバイナリーの人（→シーン㉔）には結婚と仕事をめぐる別の難題があるでしょう）。「結婚しているか聞く」のは、「だけ」で済ませられるようなことではないのです。

「調べればわかる」もかなり怖い発言です。給与に関する部署でもなければ、調べないとわからない、つまりそもそも職務に関係ない個人情報を調べてはいけません。「あなたが知らないことは、知ってはいけないことであるという可能性があるんだぞ」と課長に説教してやりたいところです。もし会話の端々からこういう発言が飛び出していたのだとすれば、女性社員が自分のプライバシーについて明かしたがらないのは当然、という気がします。

ちなみに、**本人の了承を得ずにおこなわれる個人情報の暴露は、パワーハラスメントの一種**です。

「なんでもかんでもセクハラって言われてもね」という発言には、「あなたが軽率だから、なんでもかんでも自分でセクハラの材料にしてしまうのだ」「あなたが勉強不足だから、セクハラとそれ以外の問題行動を区別できないのだ」と言ってやることができます。

もちろん、実際には直接このように言い返すことは難しいでしょうから、転職してきた女性社員のように毅然とした態度で自身のプライバシーに踏み込ませなければ、十分に成功と言えるでしょう。もしそれも難しかったら、「では法律上は何がセクハラということになってるんでしたっけ？」と質問して、難癖をつけているだけの自分に気づかせ、改められるように仕向けてもいいかもしれません。

抜け出すための考え方

性的な事実関係を聞くことはセクシュアルハラスメントに、プライバシーの暴露はパワーハラスメントになる可能性があります。「たかだかこの程度の言動がなぜセクハラになるのか」と不満を言う人に対しては、「では何がセクハラにあたるのか」と知識を問うことで、その難癖を封じることができるかもしれません。

もっと知りたい関連用語

【寿（ことぶき）退社】

女性が結婚を機に退職することを、日本社会では慣習的にこう呼んできました。結婚自体はおめでたいことだとしても、仕事を続けたい女性にとって退社は「寿」ではなかったはずですから、ずいぶん残酷（ざんこく）な用語ですね。現在では寿退社はだいぶ減りましたが、出産を機に仕事を辞める女性はいまだに多く、女性の就労権の実質的な保護のためにも対策が急がれています。

もっと深まる参考文献

笛美 , 2021『ぜんぶ運命だったんかい――おじさん社会と女子の一生』亜紀書房

シーン㉗

「女は権利ばかり主張する」

転勤を受け入れないと昇進できない
うちの職場、明らかに女性に不利

男は会社のために働くけど、
女はそこまでしないってだけだろ?

そもそも家庭の事情で
不利になったりしない
平等な人事評価制度にすべきよ

またそうやって女は権利ばかり主張する

▶転勤の困難は「家族」に丸投げされてきた

働く女性を悩ませる厄介な問題のひとつが、転勤です。働き手の夫がどこに転勤になろうと、専業主婦である妻や子どもたちはついていくもの、という前提のもとに作られた日本の企業文化においては、女性社員の転勤は容易ではありません。というか、本当は誰にとっても容易ではないはずですが、家庭生活の負担を妻に一手に負わせることが習慣になっている社会では、男性はその困難を妻に丸投げすることができた、と説明するほうが正確でしょう。社員の転勤は、当然必要だからこそ業務命令としてくだされるわけで、これにうまく応えることができない女性社員は、人事査定で低く評価されやすくなります。

ですから、転勤のしにくさが女性労働者の不利益にならないよう、働き方の選択肢を増やすことも大事なはずです。転勤のない、いわゆる「エリア総合職」のような制度を作るなど、これに対応する企業も出てきましたが、エリア限定のない総合職と比べて待遇（たいぐう）の面で見劣りする場合も少なくないようです。転勤を完全になくすことはできなくても、転勤以外の部分で企業に必要な貢献（こうけん）ができる方法を労働者に提示し、それを公正に評価することが、人事評価を平等なものにするためには必要でしょう。

▶権利以外に何を主張しろと?

というような一筋縄(ひとすじなわ)でいかない状況を、シーン㉗の女性もわかったうえで希望を語ったはずです。それに対して夫(という設定にしています)は、妻はそれを求めるべきでない立場にいるのにもかかわらず求めている、と考えているようです。

「権利ばかり主張する」という言葉の中には、権利を主張する以外にすべき何かがある、という考えが隠れています。では、何をすべきなのでしょうか。それは、「男は会社のために働く」という言葉から推測できます。会社に何かを求めるだけじゃなく、会社に貢献しろ、というわけです。つまり「平等な人事評価制度を会社に求めるだけでなく、その前にまずは会社に貢献しろ」と言いたいんですね。

でも、この考え方は完全に間違っています。説明しましょう。社員は当然会社に貢献することを求められますが、その見返りは何よりもまず給与、そして各種の福利厚生です。「労働力の対価として得られる地位」や「賃金」に関する公正なルールや、そのルールの適切な運用自体が労働力の対価になってはいけません。送料について記載(きさい)がない、とネット通販(つうはん)の会社にクレームを入れて「もっと金を払(はら)ってからものを言え」と返されたら理不尽でしょう。**提供する**

ものとその見返りの関係がフェアに設定されていることは、提供への見返りではなく、前提条件であるべきです。ですから、「権利ばかり主張する」に対しては、「この場合、権利以外に何を主張しろと？」としか言いようがありません。

「権利ばかり主張する」という発言について、シーン㉗の例を超えてもう少し考えておきましょう。ひとつは「権利」という言葉遣いについて、もうひとつはこの発言が女性に対して多く向けられることについてです。

「権利ばかり主張する」という言葉が文字通りの、つまり法律上の権利について語られているとして、「ばかり」にならないよう何をすべき、と言っているのでしょうか。おそらく、税金を払うことや行政の指示にしたがうことなど、なんらかの「義務を果たす」ということが想定されているのでしょう。でも、このような**「義務の見返りとしての権利」という考え方は、そもそも間違っています**。

権利という言葉は、人が人として生きるために必ず保障されるべきことを指して使われるものです。ですから、「それは義務の見返りである」は、じつは「それは権利として保障するに値しない」という意味の主張でしかないのです。そのように言わずに「権利ばかり主張する」と言うとき、そこには「人間であれば誰しもに保障されているべき権利を人質にして、なんらかの義務を負わせようとする」という隠れた狙いがあると疑うべきでしょう。それに、「権利として保障するに値しない」と言われる権利のほとんどが、実際に手放してしまったらたいへんなことになるような、とても基本的で絶対に守るべきものであるように私には思えます。

この「権利ばかり主張する」という批判は長い間、女性やマイノリティにばかり浴びせられてきました。その理由は明白です。この社会には、男性やなんらかの属性のマジョリティだけに保障されていることがたくさんあって、そもそもそういった人たちは権利を主張する必要性が相対的に少ないのです。また、不公正な状態だからこそ利益を得られるという魅力的な状態を手放したくないから、その改善に抵抗したい人も多いでしょう。

こう言い換えてもいいでしょう。**「権利ばかり主張する」という難癖こそ、権利が保障されていない人たちがいることの証拠(しょうこ)であり、こういう難癖があるからこそ、やはり私たちは権利を主張していくべき**なのだ、と。

抜け出すための考え方

雇用についての公正なルールとその適切な運用は、一生懸命に働くことの見返りではなく、雇用の前提条件としてあらかじめ保障されているべきものです。「権利」を「義務」の見返りとするような間違った考え方、「権利」を人質にして「義務」を果たさせようとする隠れた狙いに、私たちは気づく必要があります。

もっと知りたい関連用語

【コース別人事管理】

基幹的な業務（企業活動の中心となる業務）に携わる総合職と事務作業に携わる一般職を区別して採用、評価するなどの雇用管理のあり方をおもに指します。1986年に施行された男女雇用機会均等法で男女別の採用が禁止されたために、代替措置として各企業が取り入れることになりました。そのため、女性差別がかたちを変えて温存されているだけ、と批判の対象にもなっています。

もっと深まる参考文献

シモーヌ編集部編，2020『雑誌感覚で読めるフェミニズム入門ブック シモーヌ VOL.3 特集：オランプ・ドゥ・グージュ』現代書館

シーン㉘

「女性だからじゃなくて、努力が足りないからじゃない?」

やっぱり女性でキャリア官僚を目指すって厳しいのかなあ

なんで?
女性のキャリア官僚(かんりょう)なんて
いくらでもいるでしょ

そうはいっても、管理職の比率は
男性にはまだ遠く及ばないし

それは女性だからじゃなくて、
努力が足りないからじゃない?

▶女性のキャリア官僚は「いくらでもいる」?

2021 年度の国家公務員総合職（いわゆるキャリア官僚）の採用試験の合格者に占める女性の割合は 30.6%、同試験を受けての採用者に占める女性の割合は 34.1% です。この割合は 20 年ほど前の約 2 倍です。キャリア官僚になる女性が増えているのは間違いないでしょう。

とはいえ、管理職の割合となると、この数値に比べてかなり低いです。ざっと一般的な企業の役職にたとえて説明すると、係長級の 23.9%、課長級の 6.2%、部長級の 4.3% が女性、だそうです（人事院「令和 3 年度 年次報告書」より）。

キャリアアップを考えるなら、「キャリア官僚を目指すって厳しい」と感じるのは当然だと思います。管理職比率の低さは、「女性が男性と比べて出世しにくい職場である」「そもそも、キャリアアップを目指す女性官僚は転職してしまう」からかもしれない。一生に関わる選択なので、慎重に見極めようとする気持ちはわかります。

女性官僚をめぐる状況は少しずつ改善してはいても、「いくらでもいる」と片付けていい状況には、まだないと言えそうです。

▶努力が足りないせいですか？

にもかかわらず、話し相手の女性は「努力」という観点からしか問題をとらえていないようです。努力すれば女性は官僚になれるし出世もできる。そうなっていないのは女性の努力が足りないせいだ……。これは正しいでしょうか？

もちろん正しくありません。その理由は大きくふたつです。第一に、**職務上の努力が実を結ばないという構造的問題**があります。たとえば、成功すれば高い評価の対象になる仕事がなんとなく男性に割り振られてしまうのであれば、女性は努力のしようがありません。職務内容と関係のない「男らしさ」がじつは隠れた評価基準になっていれば、努力すべきところで努力していても女性の評価は相対的に低くなるでしょう。

第二に、**そもそも努力することを諦めさせるという環境の問題**があります。「どうせ女性は出世できないから努力しても報われないよ」といった意欲を削ぐ言葉から、「女の子なんだから浪人してまでいい大学に行く必要はない」とやんわり進路の選択を狭める言葉まで、女性はとにかく努力のスタート地点に立つことそのものをじゃまされがちです。言われた通りに何かを諦めれば、「ほらやっぱり女性は優秀じゃないからできないことがあるんだ」と納得されてしまうこともあるでしょう。諦めさせたのはあなたじゃないか、と問い詰めたくもなります。

というか、少しでも女性の進学や就労について状況を知っていれば、「努力が足りない」だけではない状況にあるのはわかっているはずです。つまりこう考えるべきではないでしょうか。**「女性の努力が足りない」と言う人は、そう考えているのではなく、事実と違うとしてもなんとかそう考えたい**のだ、と。それはなぜでしょう。

まず考えられるのは、現状の問題を解決することから逃げたい、という理由です。女性の生き方は、いくつもの社会的要素が絡まり合うことによって制限されます。ですからこの問題を解消しようとすれば、かなり複雑な連立方程式をいくつも解かなければなりません。面倒だ、と思う人は少なくないでしょう。このとき、「女性の努力が足りない」と言って片付けてしまえば、自分はこの状況に対して何もしなくていい、ということになるので、都合がよいわけです。

また、女性が諦めるように仕向ける状況が続くほうがよいと考えるから、という場合もあるでしょう。たとえば、女性に諦めさせることができれば男性は競争相手が減り、より少ない努力で目標を達成しやすくなりますからね。かといって「アンフェアな競争で勝った」とされたらその価値が低められてしまうから、競争自体は公平に成立している、ということにしたいわけです。こんな心理が「女性の努力が足りない」という言葉を生み出してしまうのでしょう。

女性の中にも、この問題を解決したくないと思う人がいます。これほどの不利な競争を勝ち抜いてきた女性は、当然そのことに自負もあるでしょう。だからこそ、これまでしてきた自分の努力が「女性差別がなければしなくていい努力だった」とは思いたくないはずです。「すべき努力をしてきたからこそ今の自分がある」と思いたい人が多いはずなので、「そんな努力はしなくてよかった」というふうに結論づけられてしまっては、過去の自分を否定されるようで、受け入れたくなくなるのも当然でしょう。

だから私たちは、それらの努力の意味を二重に考える必要があると思います。女性だからということで負わせられる不当な努力＝「しなくてよい努力」は実際にある。でも、その努力を積み重ねて立場や自負を手にすることで、女性が置かれた状況は少しずつ改善してきた。その意味で、その努力は自分自身と後世の女性たちのために「すべき努力」に値するものでもあったのだ、と。

その努力の先に誰が、どんな努力をさらに積み重ねていくか。それこそが、女性を閉じこめない世界を作るために私たちみんなが考えていくべき問いなのだと私は思います。

抜け出すための考え方

女性の自由な生き方をじゃまする環境は、現在でもたくさんあります。それらを見ようとせずにすべてを「女性自身が努力しないせい」と考えてしまう癖は、問題解決を遠ざけるものなので注意深く取り除いていく必要があります。女性が「しなくていい努力」も、この考えの癖を取り除いて社会をよりよいものに変えるためには「すべき努力」だった、と考えるべきです。

もっと知りたい関連用語

【ポストフェミニズム】

「ポスト」は「後の」という意味です。社会の女性差別はだいたい解決しているからフェミニズムは終わった、あとは個々の女性が努力して活躍すればいい、という（とくに女性自身による）発想を指します。もちろんフェミニズムの課題はまだ山積みですので、なぜそんな認識が持たれるのか、その要因を分析してフェミニズムの課題解決に結びつけていく必要があります。

もっと深まる参考文献

アンジェラ・マクロビー著，田中東子・河野真太郎訳，2022『フェミニズムとレジリエンスの政治――ジェンダー、メディア、そして福祉の終焉』青土社

Column 7　ピルを飲んでるなんて遊んでるね

シーン㉕で解説したように、ピルの中には避妊を目的とするものがあります。このピルを想定しつつ「軽率な性行為への対処として安易にピルを使用している」とみなす人は少なくないようです。3つの方向からその間違いを正しておく必要があるでしょう。

第一に、ピルとは緊急避妊薬、と考えるのがそもそも間違いです。ピルは「丸い錠剤」という意味で、日本では一般的にエストロゲンとプロゲスチンというホルモンが配合されている錠剤のことを指します。もともとは飲む避妊薬として開発されましたが、現在ではその種類はさまざまで、PMS［premenstrual syndrome（月経前症候群）］と呼ばれる月経前の心身の不調や、生理痛を抑えるためにも用いられます。ということで、ピルを使用している＝ピルで避妊している、と考えるのは大きな間違いなのです。

第二に、かりにピルを避妊に使用しているとしても、その人が「軽率な性行為」をしていると考えるべきではありません。望まない性行為を強いられたためにやむを得ず緊急避妊せざるをえない人もいるでしょう。確実な避妊のために、パートナーと合意のうえでコンドームとピルの両方を使う（デュアルプロテクションと呼びます）人もいるはずです。

第三に、かりに「軽率な性行為」をしてしまったのだとしても、そのことを「遊んでる」と言ってよいわけではありません。人間は完璧ではありませんから、「軽率な性行為」に及ぶ、及びたくなる事情だってあるはずです。そのときにかけるべきなのは、「遊んでる」という非難の言葉ではなく、あなたの心と身体が心配だ、手助けできることはあるか、というひと言だと、私は思います。

おわりに

女性を閉じこめる「ずるい言葉」の数々に関する考察をお読みになって、どう感じましたか？　「この社会で女性が生きていくことは、こんなに大変なことなのか！」とがっかりしたり悲しくなったりした人もいるかもしれません。そうなんです、大変なんです、と力説しておきます。ただし、男性である私は、その大変さを実感としては理解できていないことも間違いないでしょう。だからこそ、その大変さを軽視せず、少しでも解消に向けて努力したい。この本を読んだみなさんがその気持ちに共感してくれたならうれしいですし、この本がその努力の手助けとなるならとても光栄に思います。

「この本に書いてある著者の主張は間違っている！」と思った方もいるかもしれません。私としては残念ですし、「そんなことはない」と言いたい気持ちもあります。ただ、とくにあなたが女性であった場合、それでは「男性が自分の正解を女性に押し付けている」ことになってしまうかもしれない。それは私の本意ではありません。ということでその代わりに、そもそも本書に書かれてあるようなことを私に考えさせてくれた文章の数々をお知らせしたいと思います。シーンごとの「もっと深まる参考文献」がそれです。女性やノンバイナリーの人々が書いたこれらの文章から、私はたくさんのことを学びました。中には難しいものもありますが、ぜひ手にとって読んでみて、さらに考えてみてください。私自身も考え続けます。その延長線上で、私とあなたの考えが交わったり重なったりすることがあれば、とてもうれしく思います。

私たちの社会が、性別という要素をとても重視しているものであることは間違いありません。だからこそ、どんなときでもそうやって重視する必要があるのか、そうすべきだとしても正しくできているのかは、つねに真剣に考え直され続けなければならないことです。あまりにも多くの「ずるい言葉」で女性の生き方を制限してきた社会の一員、とりわけ男性の一員として、私はこの課題に取り組み続けたいと思います。ぜひあなたも、この課題の解決に一緒に取り組んでいただけませんか？

2022年12月　森山至貴（のりたか）

森山至貴（もりやま・のりたか）
1982年神奈川県生まれ。東京大学大学院総合文化研究科国際社会科学専攻(相関社会科学コース)博士課程単位取得満期退学。東京大学大学院総合文化研究科国際社会科学専攻助教、早稲田大学文学学術院専任講師を経て、現在、同准教授。専門は、社会学、クィア・スタディーズ。著書に『「ゲイコミュニティ」の社会学』（勁草書房）、『LGBTを読みとく―クィア・スタディーズ入門』（ちくま新書）、『10代から知っておきたい あなたを閉じこめる「ずるい言葉」』（小社）がある。

10代から知っておきたい
女性を閉じこめる「ずるい言葉」

2023年1月21日　第1版第1刷発行
2023年4月12日　　　　第2刷発行

著　者　　森山至貴
発行所　　WAVE出版
〒102-0074 東京都千代田区九段南3-9-12
TEL 03-3261-3713　FAX 03-3261-3823
振替 00100-7-366376
E-mail：info@wave-publishers.co.jp
https://www.wave-publishers.co.jp
印刷・製本　中央精版印刷株式会社

NDC361　195p　19cm　ISBN978-4-86621-443-6

付録

あなたが人に言われて気になった言葉を残しておこう

気になった理由を言葉にすることは、「ずるい言葉」を見抜くための第一歩です。本書を手がかりに、あなたが女性（あるいはそれ以外の性別）であることがその言葉の「ずるさ」にどう関係しているのか、考えてみましょう。「ずるい言葉」のからくりがわかれば、他人に「ずるい言葉」を使わないように役立てることもできます。

どんな言葉？

だれに言われた？

どんな場面で？

気になった理由は？

どんな言葉？

だれに言われた？

どんな場面で？

気になった理由は？